逝者之城手記

Chronique de la Nécropole

台灣版獨家收錄：埃及革命紀實

作者：郭龍與蒂布 (Golo et Dibou)

譯者：郭立貞

推薦序：駱以軍

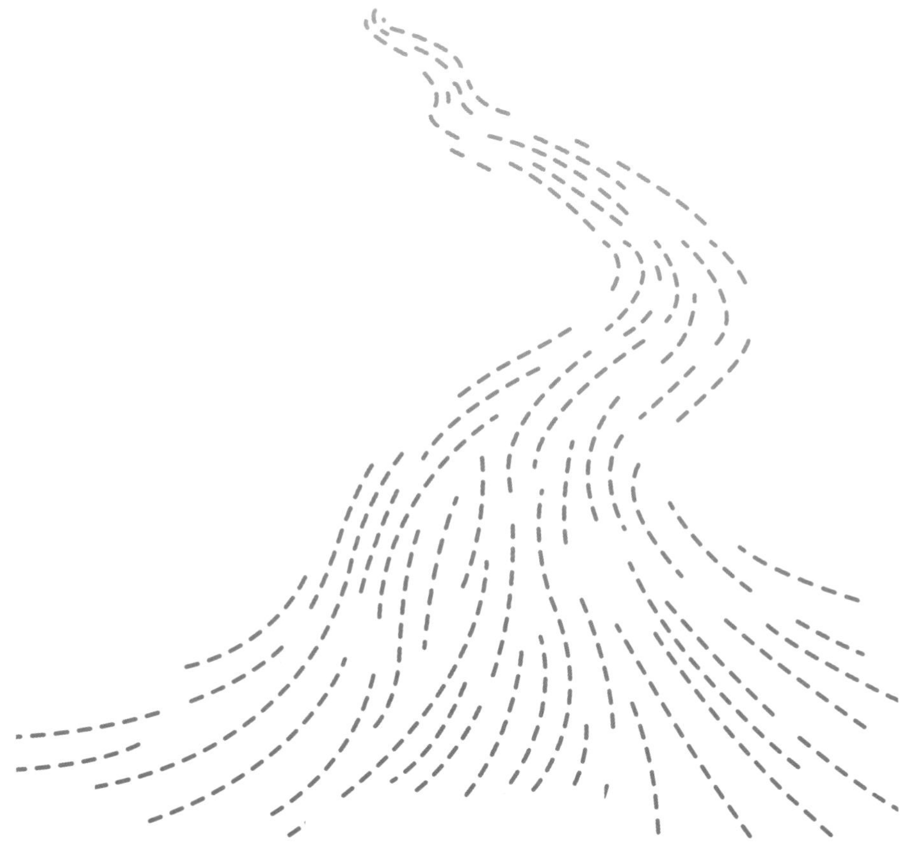

目錄

推薦序 駱以軍

那個熠熠閃光的舊世界

這本書非常奇妙地繪下了兩種旅人的眼睛所見：一是在國度之外，他人的祖先之地，像候鳥般暫待一段時光，進入他人的夢境（又不僅是這個安葬了60餘座埃及各代法老陵墓的帝王谷、神廟的浮雕、墓室壁畫、「死者之書」、以及出土的，數千年前建築這些帝王谷墓穴的古代工匠村落遺址，那些陶器碎片上記錄的，那彷彿可見栩栩如生如在眼前的工人們，生活裡的「曾經這般活著」的繪畫）；另一是人類學眼睛，鉅細靡遺，不帶成見地進入當地村莊，他們的經濟處境、男女關係、禁忌、笑話，並不如第一眼表面所見的陰陽虛實——譬如這些年台灣已陸續譯介的，像奈波爾、保羅．索魯這些具備了「現代」（大航海、帝國、殖民、貿易，傳教士冒險家與博物學者軍隊的地圖、路徑；文明的侵略或滅絕）全景思維的旅行文學書：旅行不再只是塞萬提斯《唐吉訶德》大冒險那樣魔幻、天真、抒情，一個流動中反溯、見證，幾百年來（由西方）「大旅行」如何由滅絕、踩踏、掠奪、同一化他文明而形成一處處四不像貝塚廢墟，所建構出來的。這個「既在外，又置身其中」的視覺移換，對「旅行」本身提出種種向度的質問：什麼樣的時間耗失，才算進入那個「觀看的風景」裡？如何生活在他方？「我」是誰？在漫長旅途中，我是否被當地人信任、視為朋友，不只是個傻B觀光客？

這個流動中的視覺，恰好目睹（見證了）那一切栩栩如生的古老時光「活化石」，在全球的觀光產業（由旅行社、飯店集團、航空運輸、或作為被「慾望客體」化的這些發明出來的古蹟、海島、沙漠、叢林……「景點」周邊依附寄生的在地導遊、商家、特產紀念品批發、出租車司機、妓女……之網絡），愈來愈不需付出現代旅行之前身「大冒險」之代價：不論時間上、可能遭遇之危險、以及在這旅途中對旅行者內在成見之瓦解、挑戰 —— 旅行愈變成一種至多兩週便可將經驗割取、裝框、消費之的「馴化的風景」。

於是弔詭的，前一代的旅者（冒險家），驚異、獵奇、讚嘆於矗立在他人祖先之地，那些該被保護之考古學遺跡（金字塔、泰姬瑪哈陵、長城、印加神廟），作為這個龐大觀光產業所建構「視覺、或時間感」，旅行的聖物同時快感之高潮（如作者所言，成為「露天秀場」）；同時，後一代的旅者，却為了清出這個觀看劇場，造出一個巨大的、拆遷怪手，對「遺跡」周遭（其實也是活生生的「遺跡」）清空的歷史推土機。譬如北京奧運前，將紫禁城周遭整區整區，數百年以上的老胡同（包括裡頭像海底礁岩，各種複雜物種，自給自足的底層庶民生活樣態），悉數遷光，剷平。

本書中間有一段是男主角在睡夢中，會從他軀體中跑出有著和他同樣臉孔、但或鳥身、或黑影、紅影不同層次的「潛意識分裂自我」，「就好像全身各零件湊不太起來。就像『咖』，是我的生命能量；『巴』，是我的靈魂；『舒特』，是我的影子。我正在準備的展覽讓我滿腦子古埃及神話……對古埃及人來說，一定要把這些元素結合起來。」

這一段夢魘中，埃及神話描述的「不同的我」穿越界面跑出的段落，同時在紐約發生了雙子星大廈爆炸攻擊。

這同時，他身邊出現的，是以男色「嫁」給西方觀光客裡「老女人團」而交換房子、電器、貨車、店鋪的當地年輕男人；或是半真半假宣稱自己的畫作被當作十八王朝古董，收藏於羅浮宮的畫家「穆漢梅特」；或同時女主人翁為當地孩子們創作課的美麗布偶，在摩納哥辦了一場「布偶拍賣會」。這糾葛、陷入其中，古蹟，環住於古蹟墓穴旁數百年的遺民、觀光客、因觀光客而改變內在精神與物質時空感的年輕一輩，這一切不再只是「觀看與被觀看」視覺的慾望化想像、建構，這麼單純的問題了。因為他們進駐其中，與當地人犬齒交錯，在文明史的巨人夢境，「夢裡不知身是客」，被扔擲進二十世紀現代的懵懂子裔們；這種消費性觀光浪潮的交涉與逆反對抗：有原創「自我」的召喚，有因應這些文明（經濟）優勢侵入者的偽詐與變貌。這一切都錯織混雜在一塊，一如他的古埃及神話，「好的我」、「壞的我」，不同零件組合的分裂人格在這個旅人的靈魂裡糾葛。

這本書的後半，如同所有在時光洪流中的故事命運——如同物理學家常用的比喻：我們所在的空間如同一張無限大的薄膜，把一只保齡球放在這張薄片上，球四周的「空間薄膜」便會被拉扯變形，在原本「平坦」的場地上形成一個「凹陷」。按廣義相對論，宇宙中的每一顆恆星都在空間薄膜上形成各自的凹陷處——我們跟隨著作者的「既旁觀又進入」、「既預知其命運又無法攔阻」的哀傷，前半書儘可能恬淡、領會古納居民的嘉年華歡會貧窮但笑謔的生活態度，種種「觀看的流動」，然他們亦「惘惘威脅」知道那一切因為「旅遊工業的龐大收益」，所編織交錯的埃及掌權者的貪念、跨國旅行集團將手伸進這些擁有「世界級文明古蹟」的第三世界國家，將原來當地居民「以往總是充滿生命、勞動、創造的地方，但現在卻成了個死寂之地，只剩『文化秀場』：全世界最大的露天博物館」、甚至共犯包括了地方宗教領袖、和譬如「聯合國教科文組織」這類的外國組織……讀者才意識到，這本「漫畫書」前半部栩栩如生、歷歷如繪的那些旅館怪老大爺、那些美麗臉龐的古納少女和小孩、他們曾經以創造和勞動的布偶展、藝術工作坊，或調情、打屁、虛無地幹譙政府，或嘲笑外國觀光客，那些數千年在沙漠烈日建築蔭涼房屋的工藝……這一切如蠟燭被吹滅前的流光碎燄，竟然是這作者的「哀歌」：追憶、悼亡一個已被全球流動資本主義巨人推倒、踏平、毀滅的村落。

「六十年來，為了保留自己的家與生計，當地居民抵抗國家的開發計畫。建築師和警察（一個靠利誘，一個給威嚇）都沒有辦法驅散他們。開羅的掌權者無暇理會這個位於賽德偏遠處的村莊，古納終於是被遺棄的。」

然如同我們在捷克小說家赫拉巴爾的《過於喧囂的孤獨》，或班雅明的《單向街》已閱讀過的，「文明的塌縮」，那些緩慢悠長時光慢慢形成的充滿靈光的手工製品、人與人悠然互動發展出的關係、櫛次鱗比的小店鋪、這些城市底層的老人、小孩、拾荒者、妓女、酒鬼、雜貨鋪小販、「底層的珠珍」，一個自為的、或許髒亂雜遝的（以那些習慣機場大廳、國際連鎖五星飯店、或免稅名牌店的 shopping mall 大商城、或所謂「博物館」……的現代觀光客被建構的展廊式空間習性來看），充滿不可測細節、巷弄、黃色笑話、古老神祕觀……那樣一個生機盎然的古老、美好小宇宙，終將被「時代的颶風」碾碎、壓扁。何況古納這樣一個小村落？

「所有的人都成了旅遊工業祭壇上的犧牲品，被驅逐丟棄在荒城的郊區，遠離一切工作的可能。他們甚至付不起孩子們 40 埃鎊的教育費。2010 年夏天開始，整個古納被幾公里長的混凝土牆圍住。」

漫畫家哀傷地記錄下拉摩斯之墓上方，那些房子被拆毀的過程；被強迫遷村的居民，連他們視為最貼身財物的家畜都不准帶走；全村像被轟炸過一樣；10 公里外的「新村」，政府蓋了一排排同一模樣的水泥房，窄小且「夏日像烤箱，冬日像冰櫃」；新屋很快牆壁便裂開、這些居民原來的、幾代下來的生活方式，徹底被斬斷、去脈絡、像科幻片那樣硬生生取消了。而原本的古納，變成居民要循路走回，卻要收門票的，「考古遺址」了。

「古納的繁星之夜不復存在……」

跨國觀光或地產財團、地方政府的巨大利益考量、BOT 開發案，所描述、想像的，以全球資本家或觀光產業的剝奪之眼，而非以原本住在其上之居民生存之眼看待土地。而犧牲的通常是弱勢、無能為自己言說、且所依存之地一旦被剝奪，幾乎是被宣判「活著等於哲學意義上的死去」，原本上一代富人不感興趣，才得以在城市地圖邊緣暫棲的立錐之地也被（以法令、警察、國家之名）奪走的「甚麼都沒有的窮人」。

這是坤墉兄在台灣這個紛雜、迷惘，閱讀市場又如此蕭條的時空，猶出版了這樣一本美麗、充滿讓人省思之「視覺書」，讓人可敬可感之處。古納的故事（或這本漫畫最後哀傷的結尾）或並不是孤例，想想這幾年在台灣發生的一件一件規模或不相同，但畫面、場景似曾相識的事件：台東海岸美麗灣開發案、士林王家拒絕都更強制拆遷案、三鶯部落、樂生療養院、華光社區強制拆建案、甚至師大夜市的攤商與居民之對立乃至清除、掃蕩……我們從遙遠的埃及法老王陵墓旁的古納小村，在漫畫家那時光流河、充滿情感的凝視下，終於被消滅、成為煙雲；看到背後類似的巨手：我們其實或也就活在一個更大規模些、更複雜意義，在這個全球化浪潮裡無法逃避那「惘惘的威脅」的古納村。但除了由臉書、或社運團體，此起彼落發生的抗爭、憤怒、以及主流媒體如潮汐、短暫又不留下反省的「變形蟲群聚式」激情，我們有沒有更多的參照系，更抒情的觀看方式，或更持續的思考與辯證；更知道世界其它地方同樣發生著這樣科幻而粗暴的「清除、滅村」？我們可能面對一個新形態的，更複雜而專業操縱公共媒體印象的，變貌的巨獸，它掠奪的或不止是它允諾將變成「大型遊樂場」的美麗新世界的，這些窮人、邊緣人、破爛老社區的小小碎塊土地，而是一個更隱晦而需我們持續辯證，讓它浮現的，「原本比較美好的那個我們裡面的部分」：對時光中他人生活史的尊重；不能棄守的正義價值；美學上抵抗那科幻造景的空洞消費催眠；思慕微微的對那些人們挨擠在一起，有體臭、有體溫，有煙火氣，有笑話，有古老的祝福話語的，熠熠閃光的舊世界，仍懂得珍惜、寶愛。

譯者序 郭立貞

生活在巴黎。很貴。只能窩身在13.5平方公尺大的房間裡。陋居簡室也應有盡有：熱水、電暖、浴室、一扇還能透天的窗。夫復何求？不就是生活這幾件事？

說的瀟灑，但也不是沒有抱怨。即使巴黎人也天天抱怨。

這棟六樓公寓自1840年建成以來，木梯因長年磨損，階階彎陷打滑，跌跤成參觀必經儀式。屋內地板由一塊塊六邊形的紅磚鋪成，經年累月踩踏，龜裂破損，揚塵生灰。這失修的「古磚」實為難修，因此磚早已停產多年。工匠無他法，只憑矽利康黏黏補補，更待某日藝匠獻技。頭頂上的木樑也年久彎曲變形，須外加鋼條支撐補強，木質也因潮濕蟲蛀鬆動，最好是年年上漆保養。樓上鄰居若不小心，他家的洗澡水則淹成我屋內的陣雨。世代演變，物換星移：取暖靠電熱，屋裡煙囪仍一如往昔佇立，但卻不得再燒柴生火，頂多充當另一個灰塵的集散地……

對我這一個在台北長大的台灣人來說，這不僅極度不便，似乎更不切實際。

這些細節構成的僅是一點時間感所帶來的「古趣」。但這懷舊之情，並不造作，因為它一直都在那裡，百年多來漸漸成形，只是無人藉翻修全然毀跡。

這就是「歷史」？一個對我們來說好像還有點陌生的詞。「歷史」就這樣從日常生活中瑣碎地被築起來。生活細節的感受或許寫不進冠冕史書，但卻是這些點點滴滴滋養記憶的葉脈，長成一顆名為「歷史」的老樹。

若「歷史」顯得遙遠，說「生活」好了。這「生活」如何捕捉？也許多數人會從自己的住所開始想起——那個所謂的「家」。當這個「家」被迫拆毀，被拆的，其實不只是屋瓦磚牆，而是歷經歲月層層堆砌的「生活」經驗；被夷平的，亦不只是家屋而已，還有人與人的關係。「歷史」在這一刻被感知而現形，不只關乎精神、記憶的斷裂，還是那些無法造假、隨時光蝕刻的物質痕跡。

由「生活」所累積出來的「歷史」，卻無法再被用生活是否便利、是否合乎實際的問題來決定存留。因為這變成兩個層次的問題。其間矛盾糾結之處，似乎只能透過一點「人性」去思考，靠一些「時間」來磨合。抱怨，則像是一種打發時間的消遣。

「歷史」或許遙遠而沉重，但也是這個「包袱」，成就了今日生活種種。

*　　　*　　　*

沒有去過埃及。

從未真正見識過所謂的古老文明。「古老」對我而言，只是封在博物館櫥窗裡的塑像。如何能理解一種名為「歷史感」的情感？

若「歷史感」與時間有關，與古文明相鄰的古納村落，則顯得微不足道。權力怪手一發動，幾代人的生活瞬間被剷平，嘆息也灰飛煙滅，只剩來不及書寫的記憶。昔日一座座的家屋、幾代的家史，於短短幾年間化為沙土，法老王依舊長眠於棺柩裡，彷彿什麼事都沒發生過。

以「考古」為名、以保存「遠古」為由，來毀滅「近古」，是否真為一種理解古文明的方式？為接近遠古而遺忘近古，時間的向度在此顯得詭異。一道通向未來的時間之流被斬斷，時間像在一瞬間逆流，我們能接近的不是真相，而是死亡。被抽離出「生活」的死亡，成為看板上的官方教條，專家的賣弄之地。一個世上最大的露天博物館落成。

古納居民被驅逐之後，這塊沙土不是回到古老埃及王族的勢力範圍，而是併入埃及觀光事業的版圖之中。沙土覆蓋不住的是當權者為圖利而犧牲弱勢者的貪婪欲望。這更激起了《逝者之城手記》這本書的創生。

*　　　*　　　*

這個故事由兩個法國人在埃及相識開始講起，由一段關係的形成，到一個家的成形。歷程緩慢艱辛、充滿勇氣，亦不時帶著困惑遲疑。故事則結束在一個村落的傾毀，過程迅速、凶蠻而難以招架。回顧這十五年的光景，Golo與Dibou記錄下的是關於這個地方，及這群古納居民的生活情狀。是「人」的關係，讓Dibou從單純的觀光旅行，有了想離開巴黎在古納生活落腳的想法。也是「人」的關係，有了兩人共同創作這本書的構想。這是一個與「人」、與「生活」有關的故事。為了捕捉這十五年生活的各種面向，這本漫畫集結了對話、回憶、記事、生活雜感、軼聞趣事、神話傳奇、夢境奇想等多重敘述形式，讓這群人的聲音與這個地方的樣態能被用文字和圖像記錄下來。但這並非一本史書，僅僅「生活」而已。

原書版本為法文，不過其中也夾雜了許多阿拉伯文、英文。多國語言的狀態描述出這個村落與觀光活動的密切關係。在翻譯的過程中，考量到有些台灣讀者也許對阿拉伯文較不熟悉，於是以書中情節的不同，構想了幾種譯法：保留原文、譯音加註、意譯，或是再用阿拉伯文字體書寫譯文以傳達出口音的做法。英文的部分，則全部保留，以為凸顯古納居民與外國遊客的說話習慣。

在此謹謝 Dibou 與 Golo，為他們的勇氣與執著。還熱情地為台灣讀者，在法文版之外加入 Golo 於開羅及古納，針對 2011 年埃及革命後政局，用諷刺漫畫所作的觀察報導。

謹謝吳坤墉、Laurent Husson、Charles Boissart 一路相伴指教支持。

Benoît Collier，為他最初與最終的鼓勵。

*　　　　*　　　　*

書寫總是很慢，需要時間沉澱。造一個家，更甚。
一磚一瓦不再，刻在牆上的個人歷史也沒有什麼博物館能存放，只剩一筆一畫能傳達力量，重築起記憶中的景致，作為見證，對抗遺忘。

郭立貞
2012 年 5 月　於巴黎

出版者的一些說明 吳坤墉

有些台灣的讀者對 Golo 這位法國著名的漫畫家或許已不陌生：信鴿法國書店在 2001 年與 2009 年分別出版了《製造台灣 / Made in Taiwan》的第一與第二冊。這兩本中法文對照的作品，是國外漫畫家在台灣采風創作圖文書的代表作。而 Golo 兩度受邀參加台北國際書展，他的簽書會總是欲罷不能。讀者喜愛那些所有外國人不知道、台灣人沒感覺的生活，在他筆下顯現的情味；更在他一筆一筆地在扉頁上畫出獨特的圖案與簽名時，為圖文創作的魔力所籠罩。

Golo 是法國 1970 年代漫畫新浪潮孕育的著名漫畫家，旅居埃及近 30 年，已出版將近 20 本作品，至今創作不輟。他的每一個作品都需要一年以上的籌備與繪製。其中講述傳奇作家 B. Traven 生平的 *B. Traven* (Ed. Futuropolis, 2007)，以及改編自名作家 Albert Cossery 小說的 *Mendiants et orgueilleux*(Ed. Futuropolis, 2009)，可歸類為圖像小說；而兩冊 *Mes mille et une nuits au Caire*(Ed. Futuropolis, 2009/2010)及這本《逝者之城手記》，則可說是圖像報導。這兩種類型的創作對於台灣讀者或許較為陌生，卻是法國 - 比利時漫畫傳統中的精髓。

《逝者之城手記》的台灣版，獨家收錄了「埃及革命紀實」，這是在 2011 年 1 月 25 日埃及革命爆發之後，Golo 為義大利的新聞周刊 *Internazionale* 所陸續繪製的圖像報導。我們出版這本書的原意，即在於期望讀者在人面獅身像與金字塔之外，藉由作者的描繪，能夠認識那個活生生地、真正的埃及；進而驚訝與震動於千里之外，一個遙遠的社會與人民，當面對著和我們如此類似的處境與難題時，所展現的情感與勇氣。而埃及革命的爆發，所帶來的希望與困境，又更是具有歷史感的台灣讀者，不能不低迴瞻顧的故事。我們要特別感謝 Golo 與 Dibou 同意這個編輯上的安排，以及 Golo 慷慨地授權刊行這些第一手的圖像報導。

也感謝駱以軍先生願意在付梓之前讀完初稿，並以一個專注而敏銳之讀者的角度，為這本書寫了一篇畫龍點睛的序文。

另外，在內文中，我們堅持使用手寫的文字，而非以電腦字體排版印刷。這是為了符合法國 - 比利時漫畫的手做傳統。感謝譯者郭立貞書寫這些文字。她不僅在這本書為作者代言，也為作者代筆。

Golo & Dibou

CHRONIQUES DE LA NÉCROPOLE

FUTUROPOLIS

我在1988年初識開羅
從此總有一個聲音不停地召喚著
我回去。在1995年10月，我又回
到了那邊。
要回到巴黎的前幾天，在札馬列克區
的一條小巷子裡，我遇見了郭龍…

…我被他的身影震懾在原地…
被他極具魅力的聲音籠罩住…
這個鬍子沒刮的男人，菸一根
接著一根抽，窩在他已經磨損
的皮衣裡，他吸引著我。
他讓我認識了他的開羅，而我，
帶著想再回來的渴望離開。

1988年，我也曾搭乘遊輪遊覽尼羅河。就在國王谷時，我趁機脫隊偷溜。因怕我遲到，我的導遊一直威脅我要帶團先走。不過，我還是翻越了山嶺，從國王谷跑到了哈特謝普蘇特神殿。我對那裡還保有著相當深刻美好的記憶。而古納這個地方，當時我什麼也沒見到，更沒聽見有人提起。

到底，我怎麼就出乎意料地到古納這個地方跟郭龍一起生活？

我之前在巴黎當行銷顧問，一個壓力很大但錢賺很多的工作
他生活在開羅，作為一個藝術家，身無分文。

是埃及的魔力？這風土的魔力？古納居民或村莊的魔力？抑或是孩子們笑容的魔力？

這裡說的故事，是在上埃及區的這個村莊，與賽德人共度的那十五年的光景，但他們是開羅人嘲弄的對象，是掌權者的眼中釘，而考古學家雇用他們做事，卻又嫌他們礙眼。

而最終的目的，是想要留下可以對抗遺忘的見證。

Dibou

1995年10月，開羅…

我為何接受了
這個邀請啊???

邀請我參加
這個聚會的鄰居
和他的太太來了，並
向我介紹一位旅經
開羅的法國
友人。

我們相談整晚，
完全無視旁人的存在。

她當時已深刻感受
到開羅的魅力，
我提議再帶她去
一些她所不知道
的地方。
我帶她到開羅
我最喜歡的地方
遊晃。她只待了幾天…

兩人雙手相繫四處遊蕩的感覺，仍以書信和電話的方式
繼續延續。兩個月的時光流逝，蒂布再度回來了。

Golo

獻給守耶博，漢娜，阿瑪尼和莎耶妲，
還有所有在工作室的孩子們…

第一章

發現

1995年12月
…那是郭龍第一次帶我到古納。
搭臥鋪火車從開羅旅行到這裡…

…坐著敞篷馬車沿著路克索神廟行走，
而清晨尼羅河的美…

…將我突然帶到另一個時代…

…及另一個世界…

Taxi!

Kings Valley, Hatshepsout …

他是你的一位朋友？

是一間旅館…嗯，也不完全是，你到時就知道了…

Donkeys!

往納加達
納加達
!!!
往古納，
古納…
坐車
到阿里大
爺那嗎，
老闆？
بكشيش

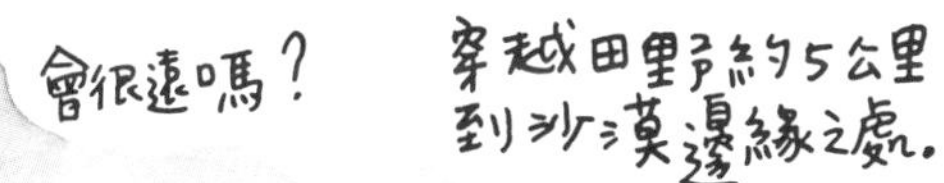

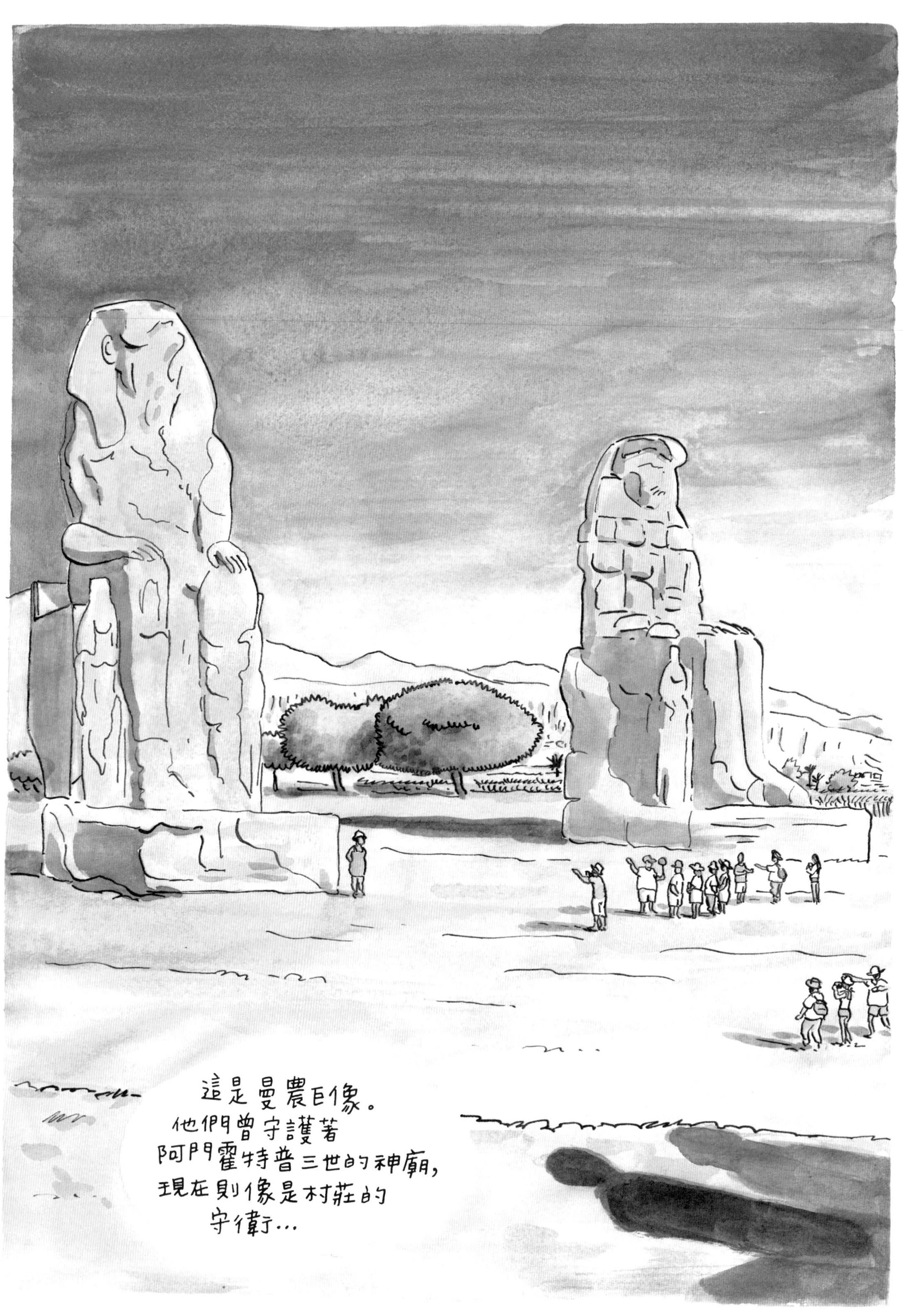
這是曼農巨像。
他們曾守護著
阿門霍特普三世的神廟，
現在則像是村莊的
守衛…

我很希望他們都有一樣的名字啊，但他們的名字到底是什麼？

來！我們還會有機會，等到沒有這些成群的遊客時再回來。

MARSAM HOTEL
فندق المرسم
PROP.: ALY ABDELRASUL
瑪森旅館？
瑪森，意思是藝術家工作室。

在五六零年代時，開羅美術學院的學生，為了學習古埃及藝術，會來這裡實習。

حمدالله السلامه يا باشا
الله يسلمك يا سيد
?
我瞬間就被這個院子的風情給迷住…
I'm very sorry, the hotel is full!
不會吧！

經理來了，我得回廚房去。
旅館真的客滿了嗎？
這裡一定會有地方給你住，尤其當你有美女相伴。
很倒楣耶，已經客滿了！
會搞定的。

我向你介紹泰耶伯，是阿里大爺的姪子…這是蒂布。
أنتِ تنوّر البلد يا عسل

你幫我翻譯？
你照亮了整個地方，喔，如蜜的光芒！

這還是第一次有人說我發亮！
那是因為你還沒遇見我！

你會說法文!?!
在古納，我們什麼語言都說！

當郭龍在和他的朋友聊天時，我看了一下環境。那時娜塔莎跟我說，還有一個房間可以整理出來給我們住…

我很高興能住進這個奇特的小旅館，突然我的腳步，被眼前這個獨特的人物滯留住…

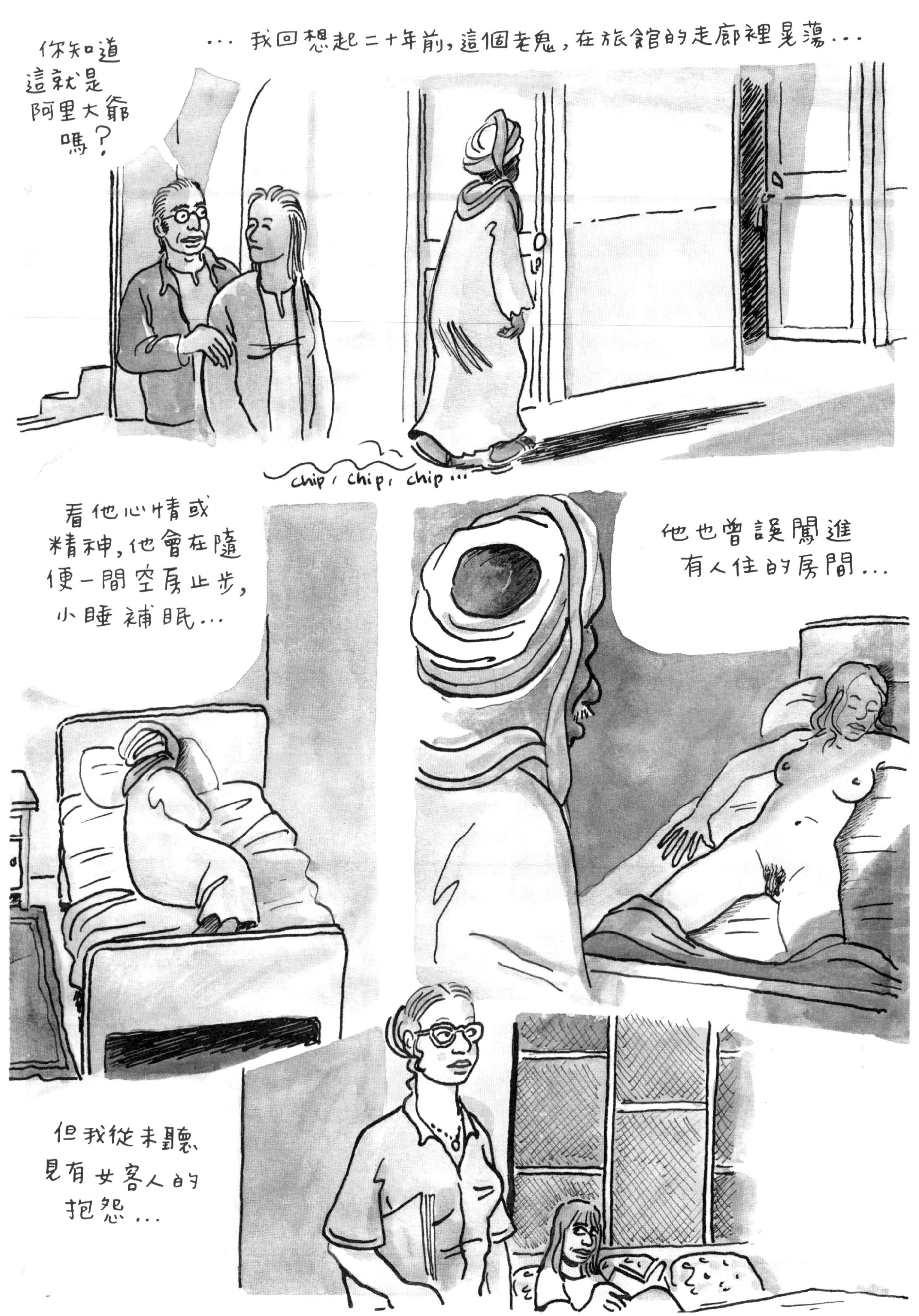
你知道
這就是
阿里大爺
嗎？
…我回想起二十年前，這個老鬼，在旅館的走廊裡晃蕩…
chip, chip, chip…
看他心情或
精神，他會在隨
便一間空房止步，
小睡補眠…
他也曾誤闖進
有人住的房間…
但我從未聽
見有女客人的
抱怨…

＊哈哇嗄：源自於波斯文，意指"博士"，用來指稱來自西方的外國人。

一小杯的椰棗酒，喝喝看，很棒的。

唉，這個老賊抓到了個倒楣鬼，為他的失眠夜找樂子…

這，你記一下入住日…很好！每次有新客人的時候，就幫我記在簿子上。以後，你喝的茶跟咖啡，都算我請，好嗎？

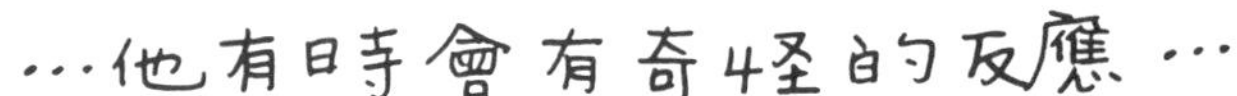

阿肯那頓王！你在哪兒啊阿肯那頓王？

???

搞定！
去睡覺吧。
???
他一邊唉著，一邊拖著
日漸沉重的步伐離開…
chip
chip
chip
啊嗚啊嗚啊嗚啊嗚啊
天啊！這隻
老山羊還可以
跳得這麼高！
怎麼了嗎?!?
沒什麼。
就阿肯那頓王的木
乃伊出來散步。
你可以再回去睡了，
他到院子去了。
整間
旅館都是
瘋子！

有個晚上，他帶我到一個神廟的遺址，向我訴說著他的昔日輝煌…
…年輕的時候啊，我曾是一個偉大的騎士。我還被邀請到巴黎作騎術表演…
啊，巴黎！…美女，香檳，艾菲爾鐵塔，凡爾賽宮…
我真的很難想像你做為觀光客的樣子。你當時穿什麼？
就像這樣！穿著埃及長袍。
你應該能在凡爾賽引起轟動。
唉，那是個美好年代…

聽他說話，感覺他也活了三千多年，而那些建造神殿的法老，一直住在這萬年城堡裡。對他來說，就是個鄰居罷了…
扶我這個老人一把吧…
哈哈哈哈哈哈哈哈
???
哈哈哈哈，整到你了吧！我雖老但還很壯哩…
…老到不能再老，到達一種青春不朽的境界…
哈哈哈！走吧，我們回去吧…

一個晚上，旅館有四位新客人，兩對美國夫婦。在約旦旅居一段時間後回來。他們有些中東音樂的唱片，很得意地在大廳眾人前播放著...

阿里大爺感覺上被這兩個美國女人搞得異常興奮。而她們也玩開了。

yes! yes!
Come on!

US

Yes,
very good!
—親一個!

WHAAAAM!!!
HAHAHAHA HAHA
Good joke!
啊沒什麼好說的啦！就是開一個玩笑再捧他個完美收場！
Crazy old man!
Any help?
NO!
PAF!
HAHA HAHA...
這些哈哇嘎都不懂玩笑耶...

每個冬天，一位波蘭老先生，易柏切斯基同志，都預約了在一樓的房間…

他的窗戶正對著大廳…

啊！麻煩可以給我們多一點的茶嗎？

阿枚德！！！一壺茶，一壺給這些哈哇嘎，快一點！！！

哎啊啊！我真是很難習慣…

這個大廳在那個年代，有著全村唯一的一台電話…
DRIIING
DRIIING
DRIIING
阿里大爺是唯一有資格接電話的人…
DRIIING
DRIIING
DRIIING
電話有時可以響個半天。耐心，可是埃及的美德。
要死啦!!!
DRIIING
DRIIING
DRIIING
chip chip chip
哈囉，喃？嗚嗯它？'阿吱'嗚？
TING! TING! TING.
約翰先生電嘩！
Allo
Allo
願你的晝日安詳，哈哇喧。
平安！
我不曉得，這波蘭同志是如何忍受這個24小時無休的阿里大爺馬戲團?!?

我猜他應該是個黨工，
讓他來大爺這裡度度
假，算是黨獎勵他對
祖國的貢獻…

一個史達林式的
木乃伊，來法老
這裡度假，
也算正常啦
…
PZPR

這裡也曾有一位"伯爵夫人"，一位斯堪地納維亞的
貴族，歸宗於伊斯蘭教，會來這個聲名狼藉的小旅
館過冬。她幫助窮人，還照顧村莊的病人。她是唯
一一個讓大爺為她低頭行禮的人。
你照亮了
整個地方，噢，
偉大的女士。

也曾有些古文物的督察來這裡。他們原籍開羅或亞歷山卓，卻被調到這上埃及區的窮鄉僻壤…

…而"瑪森"是他們唯一能有希望找到些消遣的地方…

太爺不太愛理他們，因為他們有次拿些藥丸給太爺，明明是安眠藥，卻故意騙他是壯陽藥…

在那個時代，盜墓事件讓古文物部門相當緊張…

一起來吧，我們要去抽查，看看守衛有沒有在風暴夜堅守崗位。

WHOuuuuuuu

把車燈關了！

我們很接近了，把引擎關掉。

去看他們有沒有按照命令來做…

命令是什麼？

見影開槍！

你們不覺得不通知他們就過去有點危險嗎？

不會啦。這些上埃及區鄉巴佬懶得要死，應該都睡著了吧。

噓！來個突擊活逮之後再好好教訓他們。

不要動！
誰在那裡？
BANG!
BANG!
zwiii
zwiii
不要
開槍！！！
我們聽見守衛們的笑聲…
HA HA HA HA…
…是阿伯岱爾法達警官！
停火！！！
這些傢
伙會有
報應的。
…總算有機會讓這些"賽德鄉巴佬"給城裡人一點顏色瞧瞧…
啊，是你們啊！？！
對不起啦，督察。
像你們這樣晚上
來散步，是很
危險的啦…
嘿嘿嘿！
你知道，我們的
槍法一向都很準。

當然是有人通風報信。我們回來的時候，
你們想來杯茶暖暖身吧...山上的風很冷的，不是嗎？
啊博士！房間已經整理好了，你們也可以到院子用早餐了。
這裡感覺比大飯店好多了。
這裡啊，早餐總是相當美味。
但是，在阿里大爺那個年代啊，午餐和晚餐對很多客人來說，都是一種考驗啊...

我記得有個熱衷於研究埃及文物的老教授，一直不斷地想跟我分享他的心得…

您知道嗎，年輕人，就在離這裡不遠的地方，發生了全世界有史以來最早的罷工事件。

這多虧了某個叫什麼奈夫侯特普的簿記員的詳細記載，在拉姆西斯三世第29年的統治——說得更精確一點，就是在西元前1152年11月4日——有兩隊工人停下了他們的工作，離開了國王谷…

茄子，鴿肉夾餡，米飯，沙拉，乳酪。
用煤油爐煮的！
老樣子！

我的胃已經不能再忍受這種折磨了。

把這收回到廚房吧。有沙拉和乳酪我就很滿足了。
蛤！

那天晚上，我撞見教授離開旅館，溜得跟賊一樣…

夜裡回程的路更是驚險。他之後向我坦白說，他每星期兩次，到河對岸路克索的莎瓦餐廳吃飯，就因為受不了這可怕的石油味茄鴿大餐……

他很努力地讓自己低調，怕讓大爺知道他的背叛。

你看！旅館真的客滿了!!!
是開羅美術學院的學生都來了。

這兒有點太吵了。來，我帶你去看在麥迪那哈布的拉姆西斯神殿。

我永遠也忘不了，有天教授帶我到這個神殿；神殿就像是本露天敞開的書任他閱覽…
"…生命，強大的荷魯斯，愛上下埃及區域君王，雷—侯拉科迪的愛戴…"
"…我們的內心是如此歡欣，因為太陽王建造了如此偉大的建築…"
…這本書的文字和圖案全部交錯在一起。
"…我的兒子，我親愛的幼芽，世界的主人，正義的太陽護衛，阿蒙的至友，這土地上所有的力量歸屬於你。北方及南方之國已臣服於你雙腳之下，而紅土在你的草鞋底下…"
…這神殿根本就是一本真正的漫畫書嘛…

…後來郭龍帶我到"阿伯岱爾古納"山丘上的貴族陵墓。這裡展現了村莊的另一種魅力…

村莊的居民一直都用這樣的方式造磚蓋他們的房子。

走出陵墓的時候，河谷像綠色的緞帶在我們的雙腳下展開，彩飾的房子，孩子們的笑，居民的盛情歡迎，讓我更了解了那些佈滿在牆上的三千年古老繪畫。

Ben-Hur*
?!?
不是啦，是運送水的！
不過孩子們把這當作遊戲。

他們沒有水用？!?
為什麼啊？
就因為有些陵墓在他們的房子底下。但用過的汙水還是會造成問題，不過，這其實是有辦法克服的…

不信你看，同樣在這一區，這個四周綠意盎然的房子，他們就能享用自來水…
…因為那是一個考古隊的住所。

回到旅店的時候，藝術學院的氣氛吵得正熱。

CHICAGO

身為常客，郭龍直接走向院子盡頭的那一桌…

* Ben-Hur：1959年的美國電影，由William Wyler執導，中文片名譯為"賓漢"。

阿李，是小學老師，跟泰耶伯一樣是大爺的姪子。然後這是阿梅得。
Sorry，我的法文都忘光了。
嘿嘿嘿，奇怪的是，以前是他教我講法文的，現在居然是他講不出話來了。
歡迎來到埃及啊。

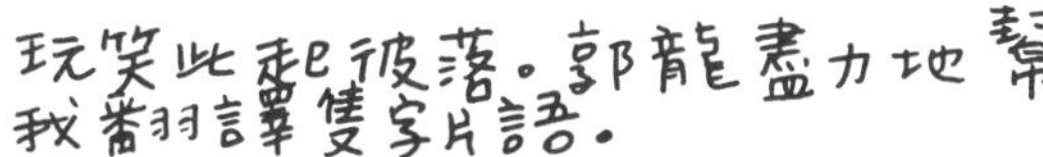
玩笑此起彼落。郭龍盡力地幫我翻譯隻字片語。

真是一整桌的"痞子"啊!!

才過了一個鐘頭我就真的受不了了…
你聽懂他們說的話嗎？
不完全懂。
所以我們可以閃人了嗎?!?
哈哈哈哈…

你們已經要走了嗎？明天來找我們，我跟阿梅得會帶你去逛逛我們的店。
願你的夜晚如蜜！
明天到店裡見啊，別忘了。

這是整間旅館裡我唯一沒睡過的地方。

這應該是阿里大爺這老賊的秘密巢穴之一。
不過今天就是我們的愛的小窩…

我們在日出時分醒來。我迫不及待地想帶她去山上看看。

我再次看見一種尼日也有的光線，七零年代時我曾住過那裡，而我這時才發現，這個光線已如此地映在我腦海中。
德爾麥迪那：曾在此開掘墓穴的工人和裝飾法老陵墓藝匠的村落遺址。
從這坑底還能感受到三千年前，這些被埋葬工匠們的聲息。
像是被壞精靈給關在甕裡了嗎？

還真的像你說的，後來，就有發掘到一些陶器、石板碎片，上面就刻畫著這個工匠村落的日常生活記事。

是這些技術精湛工匠們的藝術，成就了法老王的冥世之旅，也確保了世界的和諧。

這些村民的生活其實跟我們很像。……有次記載著，三千年前，在阿蒙麥西斯王朝末期，一個名叫巴內坡的打石工，在一個暴風雨的夜晚藉酒發瘋，跑去找他的養父，也就是工頭奈非侯代普大吵一架……

讀到這些生活上的點滴……比起對這個或那個法老王的歌功頌德……讓我更感動……

德爾麥迪那的工人和藝匠，當時也是走著這條路到"真理之地"去工作，那裡就是現在叫做國王谷的地方……

現在，人們依舊踏著相同的路去工作。
Put your body more on the left side!
聖甲蟲像，小人俑，古董！...
不要！不要！
那你是要買我的聖甲蟲像？
好！好！但你可不可以站到另一邊來！
你幹嘛停下來?

我們已經到
山口了，沿著這條
小路下去就到
國王谷了。
那是
麥德查人
哨站的遺跡。
麥德查人？
那是當時陵寢的警察。一個
位在紅海岸邊的部族，
他們的祖先，傳說中是座
高瑟南方的山脈。
因為王族陵墓裡藏著太多
財寶，他們必須管制
進出工作的人，
不相干的人是不能
進去的。

…從他們的監視哨站，甚至還可以聽到山谷裡工人們的對話…
…現在，古納人成了新的巡哨員，設法賣點法老時代的小玩意兒給經過的遊客…
願你的今日充滿光輝，博士。
不過大多數的遊客，現在都搭著冷氣巴士由柏油路進入國王谷…
…然後被迎接至新的消費神殿：牆上印著燙金的"在國王谷開懷暢飲"下方還有亞特蘭大的法老銘章，刻著：
Coca-Cola…

…他們說這樣叫度假…
CAFETERIA
ENJOY YOUR DRINK IN THE VALLEY OF THE KING
WELCOME IN EGYPT CRADLE OF CIVILIZATION
…自以為來自富裕的菁英階層，有文化，屬於一個懂得發展科技，利用空間時間的優越文明…
…而事實上，他們就是些成天瞎忙的勞工，為旅遊工業幹著底層的勞動：就是在些開發中國家，努力討價還價，計較零頭的消費…
clic!
No!
聖甲蟲像，小人俑…
埃及長袍！埃及綿布，法老時代設計…
Postcards！
No！
來，太家走快點，我們這個上午還有八個墓跟兩座神殿要逛。

遊客們看著重現絕跡手藝的表演，再掏錢換取從境外血汗工廠裡成堆製造出來的劣質品…

مصنع طيبه للالباستر
W.C
ALABASTER
ALL KIND OF THE STONE HANDMADE
Come inside have a look!
AIDA

任憑導遊擺佈，聽著那些陳腔爛調的解說，還心悅誠服地亦步亦趨…叫他們幹嘛就幹嘛…
哈特謝普蘇特神殿，拍照！
…而很少去跟整個現實環境接觸…
不要！走開啊！
叭叭
ONE POUND
ONE POUND!
ONE POUND !
BAKCHICH!
啊，喔，不要！夠了！
…靠，其他人到哪去了？
What's your name?
ONE POUND!
ONE POUND!
我的巴士哩!?!
叭叭
叭叭
ANTIK!
BAKCHICH
夠了
ONE POUND
BAKCHICH!
ONE POUND!
HIIIHAAAN
呃，啊!!! 等等我…!
ONE POUND
ONE POUND!
WRRR WRRR
SPLATCH TOURS

給他們吃些不斷反覆冷凍解凍的工業食品。只要以為能避開不衛生的居民伙食，他們就很高興了…
哇！在沙漠裡還能吃到鮮蝦。太棒了！
啊啊
哈，觀光客！我什麼都沒在怕的。我去過泰國，墨西哥，摩洛哥，年輕的時候，還去過阿爾及利亞…
我們啊，有買了保險啦。
AIDA
巴士內溫度：18°c
AIDA
國王谷：60°c
再回巴士：18°c ... etc.
AIDA
有些人參加觀光團，最後搞得是因病緊急返國…

TAK
TAK
TAK
“老村長的家”!
每個人都在那，
堅守崗位，等著
觀光客上門。
願您的早晨
明亮如奶霜！
RAMOSE

歡迎光臨
朋友們!!!
您讓小店
生光輝。

請進，把這兒當自己家。
慢慢看!
賞心悅目啊!
好亂喔
!!!

這件浮雕是
拉摩斯之墓極逼
真的仿製品。
做工
很細。
藝術
傑作啊!

來欣賞這個
大理石杯。在
燈光下更是
漂亮。
給你們朋友
才有的優惠價。
來抽根菸?

啊!你看!這很特別，
我喜歡。
這是用非洲
棕櫚雕的。

阿梅得!!!
他們到了!
我馬上來!
? ?

你們沒
看到喜歡
的東西嗎？
我們會再回來，
阿梅得已經找
到客人了，我們
就讓他去忙。
Come to my shop.
I have very old
things. Special
price for you,
my friend.

You're Welcome!
My shop is your shop.
Tea? Coca-Cola?
我想回去
旅館休息了…
我陪你們回去。

Five pounds!
Five pounds!
?
Five pounds!
Five pounds!
Five pounds!
Five pounds!
?
لاشكرا

真黏人！
夠了，別煩！他們不會想要你那些古董啦！
Five pounds!
Five pounds!
Five pounds!...
觀光客不是你一個人的!!
?
Five pounds!
Five pounds!
Five Pounds!
Five pounds!
MARSAM HOTEL
PROP. ALY ABD EL RASUL
拿著！"黏人小鬼"，給你的5鎊。你叫什麼名字？
呼！
穿耶博

即便是在這個永恆的搖籃裡，時間還是過得飛快…
好啦，我明天就會重回巴黎的陰霾，而你還在開羅。
如果可以，我就會過去，我會給你寫信的…

這個地方充滿了故事，真的令人不捨離開。我會很懷念古納的陽光…
一旦可以，我們就再回來。
我會很想你的。

為什麼你們不待久一點呢？
一個月後，我會帶群搭帆船旅行的孩子們一起回來…
我呀，我不曉得什麼時候還能再回來。

EXPRESS
Edith Viet Pointeau
132 rue de la ROQUETTE
Paris 75011
فرنسا
Miss Edith Viet Pointeau
132 rue de la ROQUETTE
Paris 75011
EDITH Pointeau
Roquette
75011
BY AIRMAIL
Edith Pointeau, Miss Viet & Co
151 avenue Jean Jaurès
75019 Paris
LETTRE
Edith Pointeau
l'OURCQ, 151 avenue Jean Jaurès
75019 Paris
Miss Viet Pointeau
132 rue de la Roquette
Paris 75011
Miss VIET POINTEAU
132, rue de la Roquette
PARIS 75011
-7, 6, 5, 4, 3, 2, 1, 0, Attention, Partez!
★By ROCKET-MAIL ★★★
Edith Pointeau
Villa de l'OURCQ 151 Avenue Jean Jaurès
Paris 75019
مستعجل
EXPRESS
EXPRESS
Edith Pointeau, Miss Viet
132 rue de la Roq
Paris
Miss Edith Viet Pointeau
132, rue de la Roquette
Paris 75011
Edith Pointeau
132 rue de la Ro
Paris 7
ROQUETTE
Paris 75011
Miss Viet Pointeau
132 Rue de la ROQUETTE
PARIS 75011
EXPRESS
EDITH POINTEAU
132 RUE DE LA ROQU
PARIS 75011
ON TOURNE!
EGYPT

QUE DIS-JE, PAR EXPREEEESSS!
Edith Boriteau
132 rue de la Roquette
Paris 75011
EXPRESS
GORNA
3/01/96
Voilà trois jours maintenant, que je suis à Gorna avec ma bande de pirates.
Par moment le lieu devient une version orientale de l'auberge de l'île au trésor.
Il y a même le fantôme du capitaine Flint qui fait entendre son pas lourd agrémenté du choc de sa canne dans le couloir.
Il cache toujours dans sa manche un vieux mouchoir crasseux dans lequel soigneusement rangées quelques
BONG
BONG
qu'il essaye de me fourguer depuis plus de vingt ans.
Ce pirate d'Ahmed Tayeb regarde la scène en ricanant.
Nous sommes tout seul dans l'auberge, mes 7 nains, Didier et moi.
Il fait beau, l'air est de miel et vous me manquez beaucoup Miss Viet.
Le temps jusqu'à présent a été occupé par des ballades dans la montagne, visites aux tombeaux des nobles et des rois, temple d'Abou, séances de dessin dans la cour...
Un vieux ressemblant à un épouvantail fenêtre dans la cour,
Didier tire sur sa mille et unième chicha.
J'ai envie de m'endormir dans un tombeau pour rencontrer les étranges personnages peint sur les murs.
Edith Boriteau & Miss Viet
132 rue de la Roquette
Paris 75011
EXPRESS
ONE POUND
ONE POUD
Ce bandit d'Aly vient d'arriver
- Comment vas-tu Professeur?
A qui écris-tu?
Bon vaut mieux que j'arrête
Je continuerai plus tard.
24/01/96
au matin.
Réveil 6h30.
Deux des nains sont déjà partis en expédition à cinq heures du matin. Ils allaient avec les fils de Mohamed Sayed el Sayedi travailler aux champs. Il me tarde de les voir revenir.
Revenons à l'interruption d'hier après-midi. Aly m'apportait une lettre d'un belge pour la lui traduire. Une histoire de "bizness". Il a fallu ensuite que je calcule avec lui le prix de différentes expéditions : les oasis, la mer Rouge, à deux, à quatre, etc. Tu m'imagines dans ce rôle.
Le soir nous étions invités Didier et moi

1996年12月，一年過去了，我又回到古納。帶著巴黎的焦躁不安，我用英文跟我的埃及朋友們聊我行銷工作上的煩心事…
…我的客戶…
嘰哩呱啦…
?
?

…當然他們什麼也聽不懂…
?
…我的客戶…
嘰哩呱啦…

…一直到最後，阿李跟我說：
你嘰嘰喳喳講了兩個小時，但是關於你的事，你什麼都沒講到！
?
這句話讓我開始思考。

我的阿拉伯文還是一點都沒進步。我就放棄英文，直接用我的拍立得來跟他們溝通…

…我從泰耶伯開始…

你真是藝術家！
這是給我的！

然後他就把照片放到口袋裡了!!!

這一年冷的要命，我們最後只能躲…

Welcome
to Alaska
يا عسل
像在巴黎一樣，都冷到結冰了。
也沒有這麼誇張吧。
يا ساتر
يا رب

…在旅館的大廳裡…

我遠遠地拍下阿里大爺…

穆罕默德，是郭龍在古納的第一個朋友…

穆罕默德在駐卡奈克神廟*的法國研究團隊裡當攝影師。他的法文講得跟個巴黎囝仔一樣，但他已是十個孩子的阿爸了。他請我們來晚餐，不過飯桌上卻只見我們兩個。

只有我們兩個而已，這正常嗎？

對，這是習俗…

我還記得我第一次被邀請晚餐的情形。主人把盛滿食物的托盤端上…

…放在我面前後就離開了，留我一個人在那…

我當時不知道該怎麼辦：如果我吃了，就好像獨吞了他們的食物，但如果不吃，又糟蹋了他們慷慨接待的心意…

*卡奈克神廟（karnak）：位於路克索，為尼羅河沿岸最大的神廟群。

…我一直很喜歡布料。在路克索的阿拉伯市集，我被千變萬化的披巾，華麗的顏色，獨特的圖案給深深吸引…

那天晚上，我在郭龍面前搞了一個"時裝秀"。

這些披肩都是來自納加達，一個從古代就是以織布聞名的城市。
他們的特產就是蘇丹婚禮用的披肩。等你們回來，我再介紹一些店給你們。

離開的時候，我已經開始想像用這些布料設計的衣服…

1997年5月，我們回到古納。我很驕傲地穿著用阿拉伯披巾做的衣服。

阿李獨自一人，堅守他們的"老地方"，那桌痞子們常駐的陰暗角落…

才一坐下，我很驚訝郭龍馬上就問阿李有關族譜的事。

你說的阿伯岱爾拉蘇爾部族跟德爾巴赫里藏寶窟的時代，那到底是什麼啊？

＊貝督因：一個以遊牧為主要生活方式的阿拉伯部族。

從前，大約在1870年，國家發生了嚴重的危機，因為建造蘇伊士運河，埃及總督伊斯梅爾向西方國家借錢，而積欠了龐大債務…

…他被迫下台，讓位給他的兒子。面對還款的期限，他的兒子開始橫征暴斂…

農人們窮到買不起他們自己種的麥子，甚至連往後的農作都已被徵收…

…大批的人被派到建造運河或鐵路的工地工作，每次一去就是三個月。其中三分之一的人死在工程之中…

許多人離開村莊到沙漠避難。古納的山丘在當時一直都是難民的庇護所…

我的祖先就這樣生活在墓穴裡…

…有一天，有個阿伯岱爾拉蘇爾部族的牧童…

…沿著村莊後方的懸崖山壁，追著一頭迷路的山羊…
看我怎麼抓住你，小混蛋！

…他看著山羊突然消失在深坑裡。
完蛋了!!!
咩咩咩咩。

在這個困苦的年代，一頭山羊可是很值錢的…

…阿眉德，部族中的一位兄弟，便跟著這個孩子去看看…

…而他當時是否就有直覺想到，這個地方竟藏了最珍貴的寶藏？

隔天，部族的重要成員都前去探查。他們最後在懸崖腳下發現了一條能通往深坑底部的通道。他們在那裡發現了…

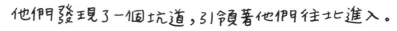

…一個11公尺深的井。牧漢墨德，阿眉德和侯賽因便往下探查…

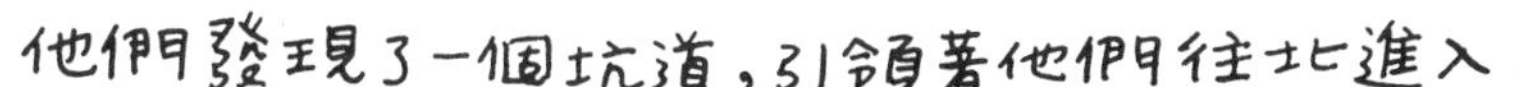

他們發現了一個坑道，引領著他們往北進入。

突然…
咕咿
咕咿
咕咿
咕咿
咕咿
咕咿
咕咿

…一個淡淡的微笑突然從陰影中現形…

不顧沿路蝙蝠留下的鹼臭味，他們爬進一間存放三具石棺的秘室。阿眉德在此發現一條向右走的通道…

…他們進到一個擠滿幾十具棺木的大墓穴…

這個秘密被隱藏了10年。為了幫助家裡度過難關，我的祖先變賣了一些小件的寶物…

自從拿破崙的遠征開始，在西方，埃及古物研究變得很流行。英國和法國在埃及的執政官相互競爭，看誰能搶到最多的古物，來裝滿他們各自的博物館…

這是埃及旅遊的開始。英國人創立Cook旅行社，法國人則是設置“埃及古文物部門”…

1880年，有些來路不明的寶物出現在路克索的市集中。這個由Maspero所領導的古物部門，斷定有一個墓穴被盜了。一個美國商人兼政客Charles Edwin Wilbour，便被派去調查這件事。他偽裝成一個單純的有錢觀光客…

…一個法老王寶物的愛好者。在1881年1月21日，他到了路克索…

他很快地就接觸到了阿伯岱爾拉蘇爾部族。

接到通報的警察，就拷問了部族的兩位領袖。其中一位，還因此終身變成了殘廢…但還是沒有人說出這個秘密…

後來，有一天，不知為何，一位部族成員打破了沈默。

此時，Maspero不在，Emil Brugsch便趕到路克索，請人帶路至那不為人知的古墓…

…他下到深坑裡…

…吃驚地看著這個大發現…他心想：“在這個民不聊生的饑荒時刻，要是讓古納人知道這些外國的太公總督還搶奪他們的寶藏，會出大亂子的啊？”

…在軍隊的保護下，不到48小時，他就將一切運送到古物部門的船上…

嗚 嗚 嗚 嗚

…整個搬運隊伍就像個送葬行列，離開了路克索。埃及百姓們有沒有為被掠奪的寶藏而哭泣呢？…古物部門一個字也沒提，完全就是強盜作風…

我不明白為什麼這些皇室的木乃伊會出現在這個坑裡???
早在三千年前，就有許多小偷橫行…
…大祭司便決定搬運這些石棺到一個沒人知道的隱密處。

木乃伊被悄悄地送到德爾巴赫里的地下…

…然後就這樣埋在那隻山羊跌落的深坑裡，一埋就是三千年…

…也因此，古納人，尤其是阿伯岱爾拉蘇爾部族，就被貼上盜墓者的名號。

7:00
啊！這一位
大概沒見識
過上埃及區
的太陽。

16:00
你看到沒？
喔，比我
想像中
還慘。

???
嗚啦啦啊！
My god!
這是哪
一位啊？
你們還
不認識
"藝術家"啊
？

I can help you.
Trust me.
我知道解藥，古埃及
的。偉大的神啊！
?!?

Please,
take this!
?

讓我來！
?

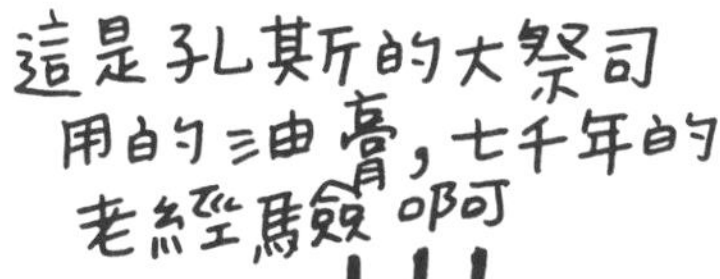
這是孔其斤的大祭司
用的油膏，七千年的
老經驗啊
！！！

嘩啦！
嘩啦！

Don't be afraid!
!?!
啊

Don't move!
With Mohamed very good massage.
噗嗤
噗嗤
啊啊
喔喔喔
嗯嗯

She sleeps! Tomorrow finish! SAY THANK YOU MOHAMED!
ZZZZZZZ

我們是這樣認識穆漢梅特的。
Oh my dear!
這裙子是你做的嗎?!?
人稱"藝術家"。

你穿得像個王后一樣!
但你還需要一個后冠啊!

Don't move!

我們在年輕的時候都會學編棕櫚葉。

現在的年輕人都不會囉…
Fuckin' television!
都沒時間了!…

喔啦啦…
真的是很久以前的事了…

But…嗯哼!…You see…
我還沒忘記…
I'm an artist!

Look now, 你現在就真的是個王后了!!!

bravo!

恭賀王后啊!

我們再一次帶著遺憾離開了古納，
我回巴黎，郭龍則到開羅...

1997年11月19日 發生了埃及前所未見，
第一樁在路克索發生的屠殺案。
在遇害的68個人之中，有58個人
是主要來自瑞士、德國和日本的觀
光客。

穆罕默德跟我們說：

我當時用最快的方式趕到現場幫忙…

…警方並不在現場。真的很可怕！警方在報案後45分鐘才趕到…都是村莊的人去追那些恐怖分子的。

你對村子很熟，你知道這不可能是村子的人幹的…

攻擊事件之後，警方便加派人力管制古納…

第二章
"這幫合夥人"

討價買地，留待冥世打造永生之屋。

儘管如此，郭龍和我還是決定
回古納，到阿里大爺家跨年。當時
是哈特謝普蘇特攻擊事件的一
個月後，旅館、景點都空蕩蕩，這
對我們來說是再幸福不過的事了，
但對古納人來說，卻是個大災難…

你在巴黎的工
作是什麼啊?

我幫我的客戶
賺錢。
呵,這是個
好消息啊!?!

那我們
一起來做
生意吧。
O.K.!我先幫
你一年,看看之後
怎麼樣再說。

你的店鋪
一定要弄得
跟別人有
所區別。
小心，“行銷女王”展開
攻勢囉！
?

你們每個人賣的東西都一樣，
大理石杯，浮雕，古董複製品...
那不然我們
還可以做什麼？

賣一些別人
沒有的東西啊...

…在一個有魅力、
又有創意的
地方。
slurp!
拿著，"芭達威亞"！
給你的
新年禮物。
喔，謝謝妳，
阿李！
古納海盜
也開始行動了呵呵。
我可以幫你在村子中心地段
找一個金店面，空間大、
遊客多，漂亮又不貴。
You will
succeed!

我們來搞個
"歇咯嘎"。
?
是公司
的意思。
王后
吉祥啊!!!

新年
快樂!
新年快樂
王后!
謝謝,"藝術家",
新年快樂!
新年
快樂!

1998年1月1日，我們相約在拉摩斯墓穴前老村長的家碰面...
新年快樂，合果多人！
我有鑰匙！

你可以幫我畫些古董嗎？
嗯，我啊，我只會畫諷刺漫畫…
要去參觀了嗎？
就看你囉，芭達威亞。
RAMOSE
你們看，這裡真的很美，不貴啊！ 
…離郵局很近耶。

哇!!!
怎麼樣，覺得如何？
工程浩大…
…不過這個空間很美…
你們過來看。這不在出租範圍內，在這房子底下，有個墓穴…

…貴族的陵墓都建在底比斯山的側邊。整體是一個超過500個墓穴所組成的複雜結構。為了迎接來參觀的遊客，其中有十幾個墓穴已經增加設備…
我們很幸運啊，芭達威亞，遊客都回來了。
RAMOSE
SALAM
SPLASH TOURS
Hello!
看看啊
這做工
很細啊！
…儘管古墓遭到破壞，還有禁建令與無數的遷居計畫，新房子還是一間接著一間地被蓋起來…
RAMOSE
不過從來沒人正視，大批觀光客所造成的破壞，更是多上千萬倍…

呃，等等
我！！！
為什麼你們
一定要同時
擠到遊客面前？
100埃鎊，便宜吧，
OK？我等你參觀
回來…
…請跟我到這個拉摩斯的墓穴，
在法老王亞門諾斐斯三世的
時代，他是底比斯城的大臣，也
就是有名的阿肯納頓…
如果有一天你去參觀巴
黎的艾菲爾鐵塔，然後
所有的小販同時衝到
你面前叫賣，你會喜歡嗎？
…
喔，古納人不喜歡
被人家當面
批評啊…

…嘿，來看看啊，跟拉摩斯墓穴裡的一樣，藝術家的精緻工藝啊…
又來了！
你看，這已經是一個習慣了。他不會改變作風的。
售價也是一樣。從來都不做標示，見人說人話。不過，算了，不試就什麼也沒有了。
We will Succeed，芭達威亞！
快一點！我們還要坐巴士去德爾巴赫里參觀哈特謝普蘇特神殿。
希望能有更多的觀光客從天而降地來吧…
السلام عليكم
عليكم السلام
請來我店裡看看啊。
Five Pounds
Antik!
不！
Have a look
沒時間了，巴士！
Five Pounds
Five Pounds
Five Pounds

晚安，合果多人，
為什麼你們這麼快
就離開？
我的客戶們
在巴黎等我。
我在開羅有一個
展覽。不過我
們一個月後就
回來。
村長的房子那
邊我們很喜
歡。租金是多
少呢？
這我要問一下房東。
等你們回來我
再跟你們說。
成立公司的
文件就交給
你啦？
如果阿拉保佑！

我越來越捨不得
離開這個地方...
發生什麼事了？
船不動了！?！...
船擱淺在
沙洲上。
你看，連尼羅
河都不想讓我
們離開。
WROP
WROP
WROP

讓
哈哇嗄
過去！
讓
哈哇嗄
先上。
來，我們
換坐這個快艇，
不然就趕不
上飛機了。

為什麼他不靠岸呢？

因為跟乘客談不
攏價格，所以他
就在原地打轉，
直到他們付錢
為止。

…越常來古納，就越想再回来。操勞過度的巴黎行銷顧問生活…

…和古納陽光下的幽靜生活之間有著極大的對比。只要一有機會，我總是回來這裡…

歡迎回来，合果多人！

願你的夜晚充滿光輝，阿李。

你有去辦公司登記了嗎？

還沒啊，芭達威西。事情太多了啦。蔗糖收穫季，學校的考試季…

But trust me, we will succeed…

我很喜歡在夜晚時，
大家一塊坐在村長家的長凳上，
隨意閒聊…
…蘇菲教派*的歌頌聲從村莊四處
傳唱呼應…
阿拉
阿拉
阿拉
阿拉
阿拉
阿拉
阿拉
阿拉
阿拉
阿拉
阿拉
阿拉
阿拉
阿拉
阿拉

*蘇菲教派(soufisme)：為伊斯蘭教的一支神秘主義教派。

有天晚上我們正要去村長家那邊，一邊希望著開店的計畫能有進展...
?
One pound, madame!
???
One pound, madame!
one Pound!
one Pound!
one Pound!
one Pound!
...one Pound...
夠了!!!
one Pound!
one Pound!
one Pound!
one Pound!
one Pound!
one Pound!

排好，
兩個兩個一起！
到那裡！

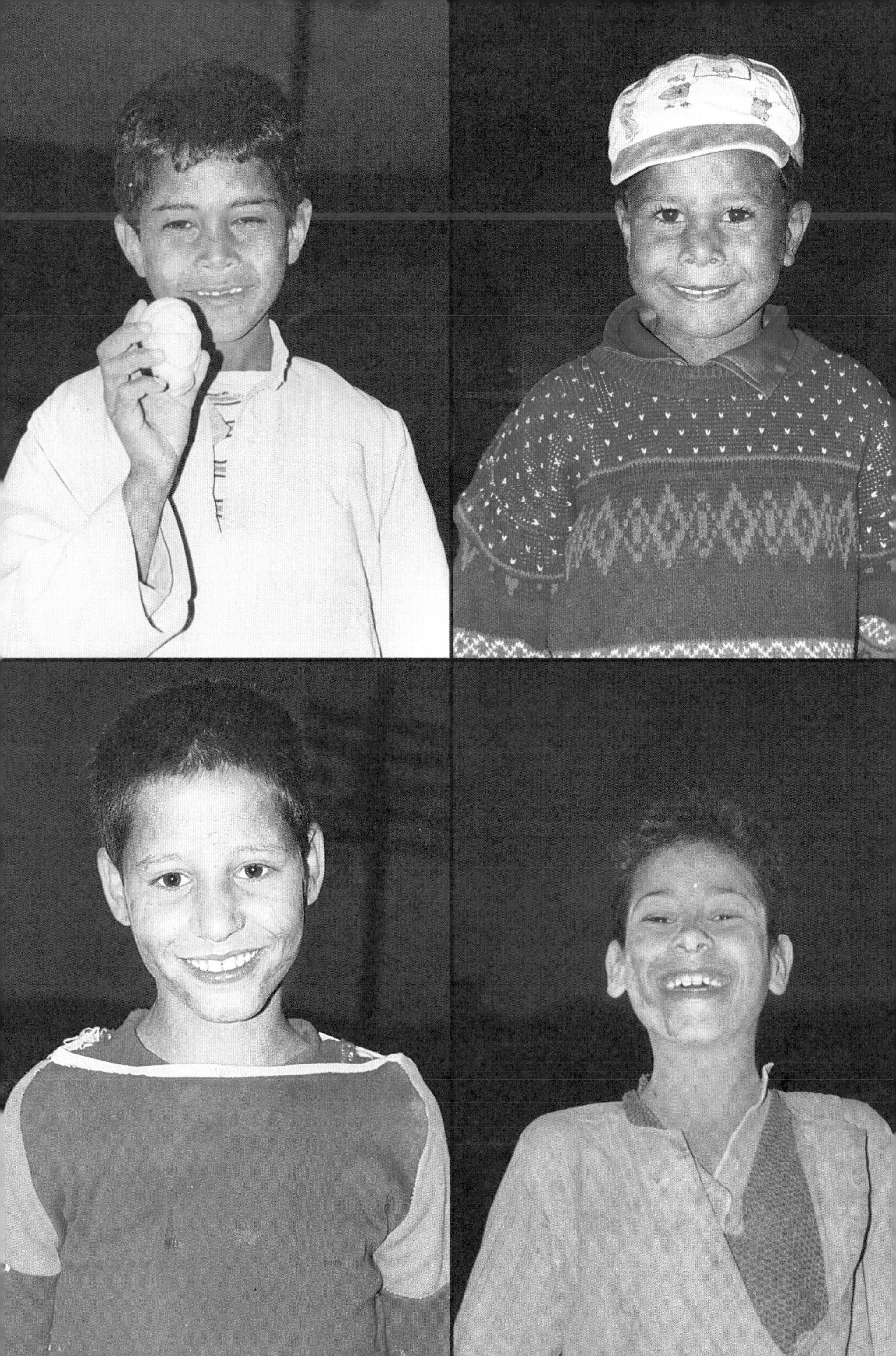

GOLF
STORY
Just U Company
MINEKO

我當時並不知道照片拍得成不成功，唯一能確定的是，在我跟這些孩子之間，已經產生了難以言喻的關係。

在我要回巴黎那天，阿李來旅館跟我們會合。
願你們的白晝如蜜，朋友們。
現在我們要合夥了，你們應該要有間房子。
…然後我們就隨著阿李，往拉姆西斯的方向走去。在他身後，我看著他的埃及長袍，隨著風和步伐飄動變化。

我們取道兩座有院子的華屋中間，這時有個小女孩向我靠近，很自然地牽住我的手。

我們到了甘蔗田邊。

她跟我
說什麼？
她問
你我是不
是你的兄弟。

我已經弄不清什麼最讓我心神不寧了：是這隻天真的小手？阿李直爽的個性：才決定要合夥，他就開始幫我們找住處？還是風的吟唱？...

在機場，我哭了，因為我意會到，我將再一次踏上非洲之路...

阿李的提議，雖然慷慨，但事情還是不太明確。外國人近年來才開始能在埃及買地，所以不常見，也就真的非常複雜。阿李他自己也搞不太清楚土地使用的限制。他真的是地主嗎？地籍最後一次的記錄是在20世紀初，那時這塊地沒被劃入鄰近的考古保護區，而是農地…但農地無論如何都是禁止蓋房子的…

回到開羅，我先開始從身邊的朋友尋求建議…

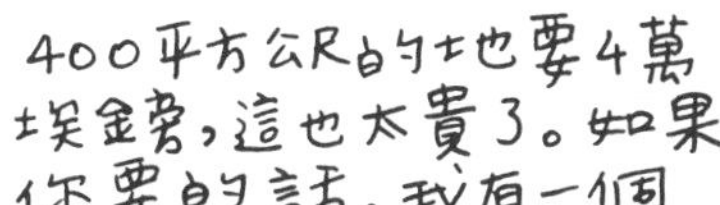

400平方公尺的地要4萬埃鎊，這也太貴了。如果你要的話，我有一個很好的律師。他可以幫你應付這卡夫卡式的行政迷宮。

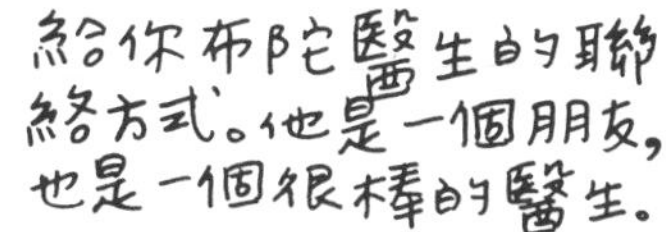

給你布陀醫生的聯絡方式。他是一個朋友，也是一個很棒的醫生。他在古納住了20年，應該會是很好的顧問。

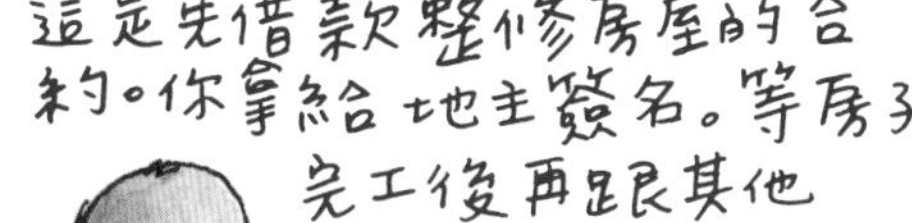

這是先借款整修房屋的合約。你拿給地主簽名。等房子完工後再跟其他行政文件一起交回。

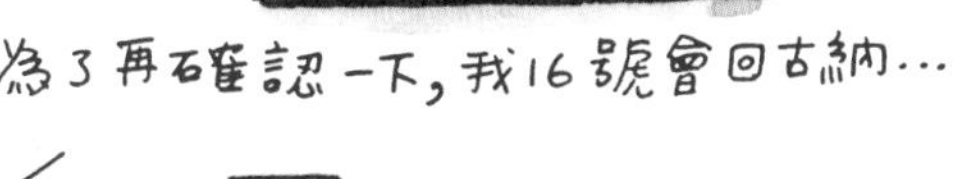

…為了再確認一下，我16號會回古納…

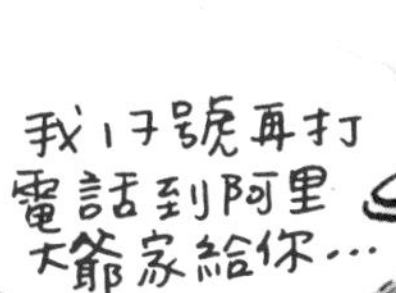

我17號再打電話到阿里大爺家給你…

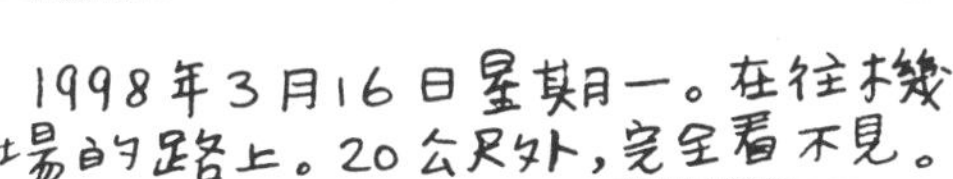

1998年3月16日星期一。在往機場的路上。20公尺外，完全看不見。

這是坎辛風！(後註1)

EGYPTAIR
因為沙塵的關係，所有航班暫停。

3月17日星期二
願阿拉保佑，還要看天候狀況！

3月17日晚上11點，我終於到達旅館。阿李在等我。
歡迎回來！事情有進展啦。明天再講。

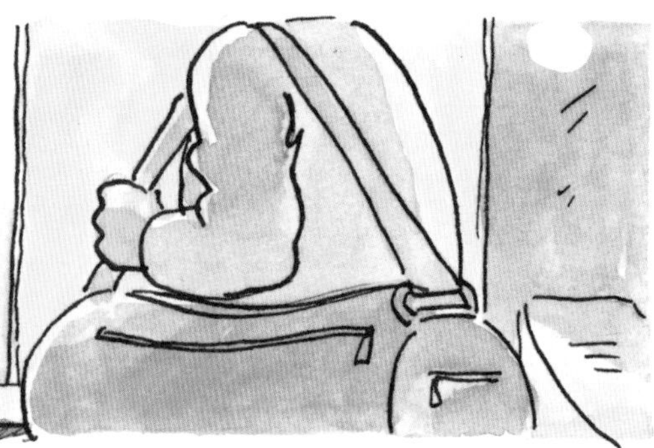

3月18日星期三，下午5點，跟阿李的洽談…

一定要趕快動工。不然之後會變得很複雜。

那有估價單嗎？

房子的部份：
泥磚：2000
紅磚：2000
沙和石礫：500
水泥：2000
棕櫚枝：2000
石板地：2000
…

藝廊的部份：兩間房。
簽三年約，月租500埃鎊。
工程和裝潢：4000。公司登記費用：4000。別忘了畫房子的圖給我啊…

3月19日星期四。我去找布陀醫生，他從來沒去過法國，卻講得一口流利的法文…

你好，布陀醫生在嗎？

Dr BOUTROS

…最好的解決方式，就是你用蓋房子的錢作為幾年的租金交換…

3月20日星期五。3月21日星期六。我畫房子的藍圖給阿李…

我從傳統建築中找靈感…

…阿里大爺的旅館…

…布陀醫生的家…

…我夢裡的房子…

3月22日星期天。阿梅得邀請我參加一個朝聖返回的慶典…

3月23日星期一。起程回開羅。

你畫漫畫啊？那你一定要把古納的故事畫下來啊！哈哈！

合眾多人！

棕櫚枝

紅石專

泥石專

公司登記

1998年5月。眼前的驚喜叫人難以形容。兩個月前的那堆磚塊，經過古納泥瓦匠的靈巧工藝，已經變成眼前的房屋，建得就跟郭龍畫出來的圖一樣。

這是有生以來第一棟為我而建的房子，處處用心真的讓我很感動。我的兒子馬帝爾和他的朋友多瑪，都很好奇於我的計畫，也陪我來…

…瑪當，我的姪子，這次也是來幫忙整修藝廊空間。有時巡看工地，有時跟我們的合夥人阿李，圍在他們痞子的那張桌子討論事情，其他時間，我們就看看書…

…工人工資：
1500
電費：1000
水管裝配：2000
電話：3000
津貼：500
…

…或觀察旅館裡的客人。
…好像還能在這裡找到古董啊…
…我今天傍晚有個約會。有個男人跟我推銷那個夏堤…嗯…夏舒堤什麼的…你知道就是那個小型陪葬人俑…
夏瓦布堤*。
那些是死者的僕人。這是為了能在永生中繼續為死者工作，執行他的命令。
你是埃及學家嗎？
不是，只是常來罷了。
啊…對了…
EGYPTE
…書上寫說這村莊居民的祖先曾是盜墓者…
EGYPTE
是他，我認得出他走路的方式。
？？
咯！
咯！
咯！

*夏瓦布堤（Chaouabti或Ouchabti）：陶製或金屬製的小形木乃伊塑像。將其與逝者一同放置於墳墓中，以期在永生中繼續為逝者效命。

願你們平安!
嗒!
嗒!
是他，你的古董商?

Good evening 哈哇嗄。今晚，你知道，美麗的東西…專程帶給你!
Hello!… 嗯… Yes, yes, 今晚…
你覺得他真的是會盜墓的人嗎?

是"王后"啊!?! 歡迎回來。你照亮了村莊。
是多虧了你的光芒啊，阿布夏布提。
她跟他很熟，你可以跟她打聽一下。

您似乎認識這個人，您知道他賣的是真貨嗎?
真真假假，假假真真，最重要的是您喜歡就好，不是嗎?
晚安。
不好意思，有人在等我，晚安。

我有遇到阿布夏布提。為什麼你叫他西渥弗*啊?
因為他的樣子像個無賴，走路又一跛一跛的，也因為在阿里大爺的年代，這個奇怪的客棧還真像個海盜船，聚集了一堆老賊。

他跟我說他是因為挖寶藏才把腿弄傷的。
其實，他是騎摩托車摔傷的。

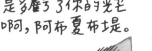

* 西渥弗(Long John Silver)是Robert Louis Stevenson的小說"Treasure Island"(中譯為"金銀島")中的主要人物之一，是個獨腳海盜頭子。

古納人擺脫不掉盜墓者的惡名，乾脆就這樣承受下來…

不管是當海盜強盜，聽起來比農夫鄉巴佬更厲害吧…

…這樣也比較容易撈"觀光油水"…

我們到木漢默特那吃飯。
好主意。

木漢默特，人稱"啤酒阿特"，在村莊也算是一號人物。他的餐廳是村莊中難得可以喝到啤酒的地方。人家說他都把啤酒埋在院子裡，怕有人偷走，他還就直接睡在上面哩…

歡迎光臨！隨便坐。

以前啊，我是"德國會館"的廚師。在凌晨兩點還要奉茶，煮飯，真受不了。木漢默特，來做這個，來做那個…背後總是有個長官在盯著…真是夠了！…

這十年來，我就自己當家作主。想工作還是要睡覺，看我高興。這種好日子真是求之不得，感謝神的恩賜啊。

餐後，木漢默特拿"貴客名錄"給每個客人簽名。

我不喜歡澳洲跟紐西蘭的客人。問題多，又愛討價還價，愛抱怨、抗議…

…跟法國人、英國人、義大利人、德國人、美國人，我沒有過這種問題…

但是日本人，啊，日本人！又太誇張了！

不管什麼東西，他們都砸錢下去買！

我不想收日本客人。他們給太多錢了，這樣不好！

有一次有個會講阿拉伯文的日本人來…

…我就請他用日文把所有的價格寫下來…

現在，如果來一團日本人，導遊來跟我說：你給他們算一餐20塊美金，我都說不行！沒有這種道理。在這裡，該付多少就付多少。

我總是有客人。他們總是說：
來木漢默特這裡，
好吃又不貴！

有天，吃過午餐，我們到旅館的庭院晃一下，結果竟看到這奇怪的一幕。
GOD WITH US
GOD WITH US

發生什麼事了？
他們在村裡說，每個寡婦都可以來領50塊錢。
GOD WITH US
GOD WITH US

因為他們是旅館的客人，所以我才讓他們在庭院這兒接待寡婦們。
GOD WITH US

不過我想我錯了…我不知道這裡有這麼多的寡婦。
啊
嗚
嗚
GOD WITH US

哈哈哈，為了50塊錢，古納的女人都變成了寡婦。我還看到有從別的村莊來的。
還全程錄影…以後要募款，這就是很好的宣傳…
啊
嗚
嗚
GOD WITH S

啊… 嗚…
哇
哇
GOD WITH US
ISIS
Hello

也有些客人是肩負考古任務而來。那時有兩個團隊同時住在旅館裡。一隊是德國來的，另一隊則是由一位義大利人指揮。他們的工作態度跟生活方式有很大的差別。他們彼此從未交談。一早離開旅館，各自前往各自的挖掘場…

他們只在中午過後回來寫最新的工作日誌…

但是到了晚餐時間，兩組人馬的相會就無法避免了。他們覬覦的目標，是庭院中間的那張大桌子。爭著看是誰能第一個搶到這個位子。

在村長家的第一次合作會議，我們很驚訝地發現了綽號叫"貴族"的第5位合夥人…

那他，他能為藝廊做些什麼？
?!?
他從以前到現在，都跟我們合夥啊。自己人啦。

又來一個不做事的。

阿梅得，非常聰明卻不太誠實；店裡的存貨，價格被他喊得五級跳。

在我們的店裡有值30000鎊的貨品。你們應該要投資一下吧。
阿李，我們合作是想做一些新的，不一樣的東西，對吧？

一定要把浮雕留著。這賣得超好的。
你的店可以繼續經營；但藝廊，是另一回事…

我們找一些好的藝匠，給他們一些特別的點子…
好啦，芭達威亞！

你們八月再回來吧。也要認識一下古納的夏天。我將會有休假，就可以一起到藝匠那兒拜訪一圈。

巴黎，1998年6月26日。我很想知道，朋友們看到我帶回來的這些阿拉伯披巾，會有什麼反應…

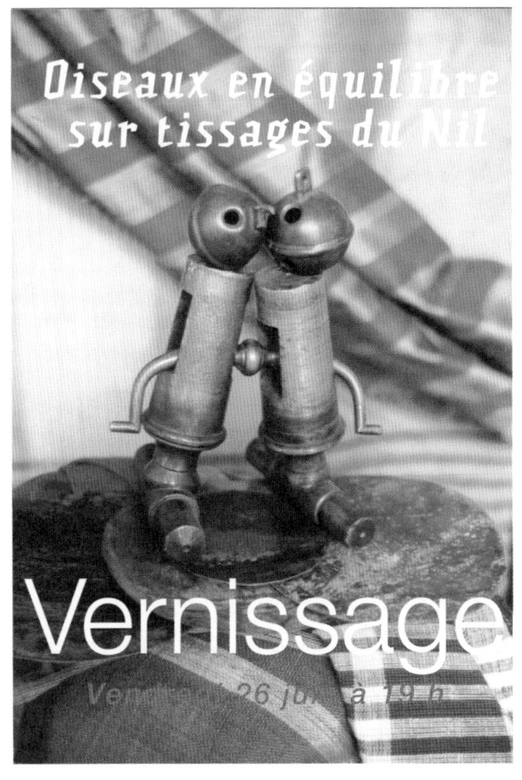

他們相當興奮。

那年有世界杯足球賽。我們接待一位綽號叫"阿貓"的朋友。他在一個晚會裡當廚師，活動結束後，老闆很不負責任地，把他一個人丟在那鄉下宅院裡。

在某些人眼中，我像是一個越來越奇怪的人：以我在巴黎的種種成就，對於古納的這種迷戀是從哪裡來的啊???

你還要再去古納？
可是你都已經看過了！
去紅海或白沙漠
看看嘛！
但我只想
去那裡，
別的不想。
你會說
阿拉伯文
嗎？

還不太會。
我也才剛開始
熟悉些阿拉伯
文的音調。

這麼厲害？要
是我的話，才
沒辦法哩！

不過，還好，你還沒戴
上面紗！你知道在
巴黎有越來越多
的蒙面女人嗎？

為什麼這會
讓你不舒服？

但這真的很
讓人受不了！
你是說絲巾
還是面紗啊？

都一樣啊！
你到教堂
還不是會把頭
包起來。

不久以前，我們也是這樣圍
著絲巾的啊…你不記得了嗎？
對，對。那時
是Brigitte Bardot
帶領風潮的。

1998年8月...

...日正當中，陰涼處還是50°C高溫...
歡迎來到地獄！

...我們和阿李約好，開始我們的藝匠拜訪之旅...
午安阿李！
-咻咻咻...
歡迎回來啊，合夥人！我們在等車。你們坐一下。木漢莫德，上茶！

我們就這樣坐上了"卡波"，是阿李幫我們預約的一種公共計程車。
你有看到這些鏡子嗎？我好喜歡喔！
你知道我們要去哪嗎？
不知道。

我們到一些從不認識的地方，而每一次，他們都為我們奉上滾燙的茶…

…但因為酷熱，愈來愈難入口…

呃…這些鏡子搞得我頭好暈。

經過多次談不攏的拜訪，我們到了"石頭"薩耶德的家，一個石工藝坊的老闆，有著大理石，皂石，卵石等製品…

法國人啊？啊啊，法國！尼斯，里昂，巴黎…我知道啊！我有去參加過展覽。哈哈哈…很美的國家！

這是我們的設計圖。您需要多少時間完成呢？

價格多少呢？

我先做，你們看看，我再跟你們說多少錢。

直到晚上，我們才到達人稱"瘋子"的薩也德的家。

一個奇怪的人…
薩也德，幾個朋友想訂做一些東西…

一塊木頭用斧頭劈個兩三下，一個阿努比斯就活靈活現地刻了出來。我相當著迷。薩也德對我來說就像古代藝匠村"永恆創者"的傳人…

我設計了一些樣式…

…我們希望用非洲棕櫚來製作。您有興趣嗎？
嗯…我三天後帶去阿里大爺那裡給你們。

六天後，在旅館的院子裡：

好棒的手藝。這就是我們想要的，但你開的價格太貴了。我們沒辦法…

如果你不想要我的作品就算了！
?
?
?

雖然他敏感易怒，"瘋子"薩也德"還是跟我們很好。他是個全才的藝術家，我們所有的想法，都能靠這雙巧手製作出來。

習慣跟歐洲人工作。"石頭"薩耶德很準時交貨。

這個你們要拿來做什麼用的？
鏡框。好棒喔，做得真好！

我沒忘記村莊裡的小女孩。幾乎每個名字我都叫得出來。有去學校的孩子們說學校裡並沒有手藝活動，我就想辦一場布娃娃選美大賽。

一個上午，她們全到村長家的房子旁集合。我宣布第一名可以得到20埃鎊，第二名15埃鎊，而第三名10埃鎊。

我給每個人一塊白布，還有兩埃鎊（這在當時可以買兩個布偶），讓她們可以去買材料。阿梅得在本子上記下她們的名字和歲數。

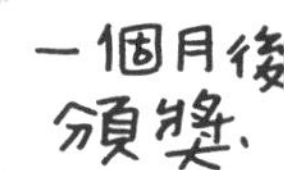

有50個女孩參加了這個競賽。

評審團由阿李、阿梅得、郭龍、瑪當和我所組成。
不記名投票，每個娃娃的分數最高10分…
統計完分數後，共有5個人得獎：

為了這個盛會，瑪當把牆重新刷過，用娃娃裝飾牆面。

10月2日，是頒獎的日子。

全村的人都來看了。

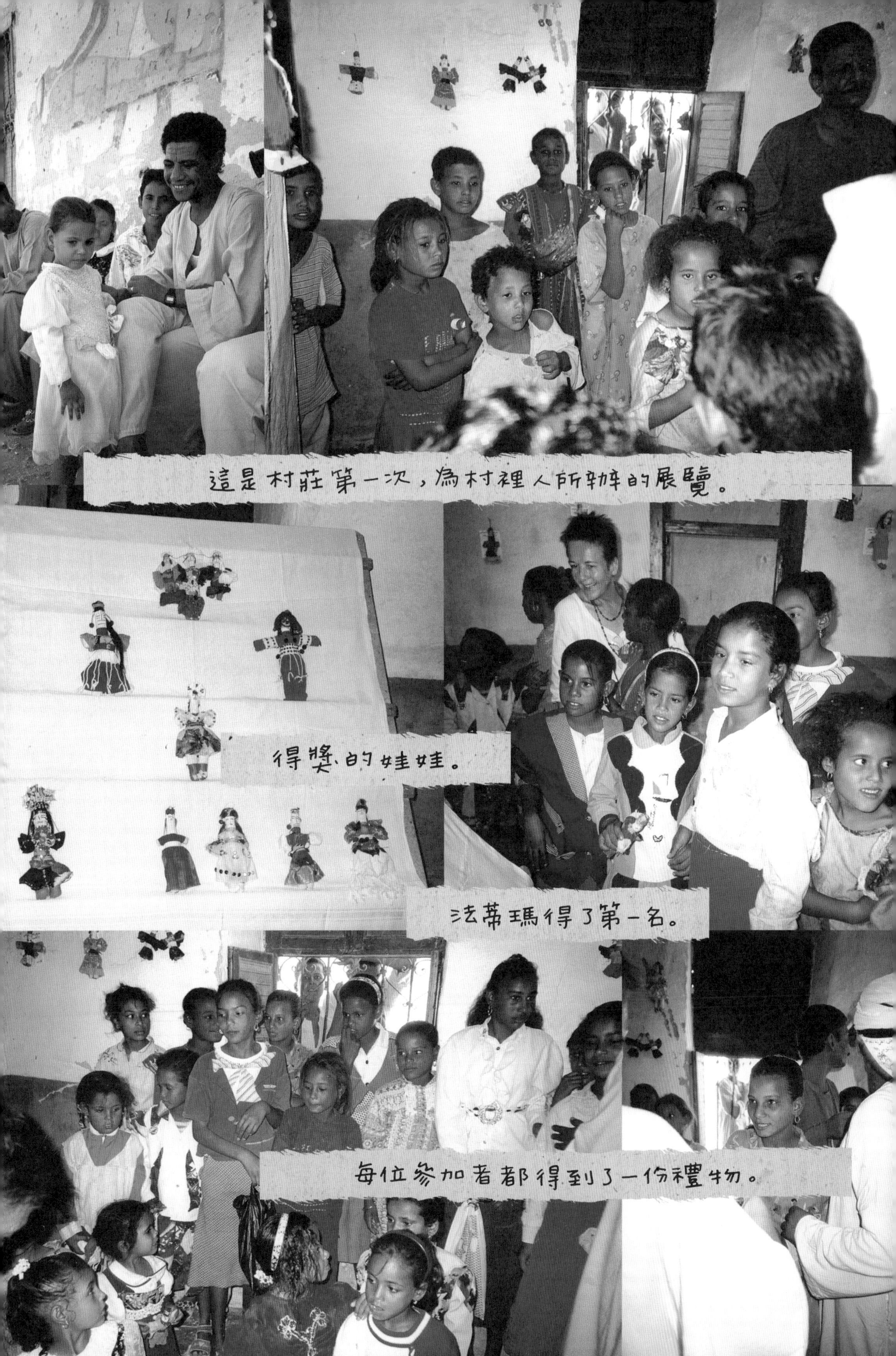

這是村莊第一次，為村裡人所辦的展覽。

得獎的娃娃。

法蒂瑪得了第一名。

每位參加者都得到了一份禮物。

1998年10月。回到巴黎，我寫信給我的客戶說，為了去和埃及藝匠們一起工作，我卸下了行銷顧問的職務。

我回到古納，發現整修工作有了進展：

嗨！瑪當。
搞得
定嗎？
OK啦。
我認識了在
這裡生活的一
個法裔埃及人。
很棒的人，我再
介紹給你
認識。

茲耶頓是個建築師。土磚建築專家。他在麥迪那哈布神殿後方建了一座極美的房子。在此生活多年，他對古納和古納人相當熟悉。

我有讀你
漫畫改編的"乞丐與
自豪的人"。我是
個Cossery*迷。

很高
興能有
一個喜歡
Cossery
的鄰居！
瑪當有跟
我提到藝廊。
好啊！我一定去
光顧！

我在工地遇到阿李。我一直很驚訝"德卡"能有如此多的用途："德卡"，是一種每家每戶都有的長型檯座，既是長椅，也是床架、檯子、階梯、架子…

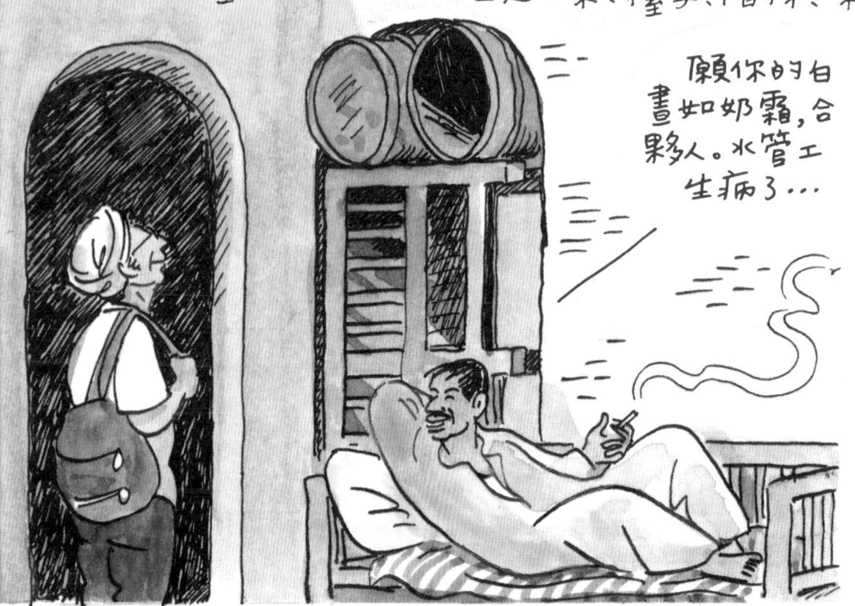

願你的白
晝如奶霜，合
夥人。水管工
生病了…
…若阿拉保佑，
賜給他健康，
幾天後就可
以再開工！

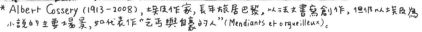

* Albert Cossery (1913-2008)，埃及作家，長年旅居巴黎，以法文書寫創作，但仍以埃及為小說的主要場景，如代表作"乞丐與自豪的人"(Mendiants et orgueilleux)。

1998年12月。為了讓藝廊能在原訂日期開幕，我們趕工趕得像瘋子一樣…

看到我的合夥人們懶在一旁，我就跟阿李發脾氣。

如果你沒其他的事情做，就來把地毯的灰撢一撢!!!

他撢了，但也氣得要命…

我們趕在預定的時間完工…

…才能去茲耶頓的家跨年。

自從藝廊開張，我們就和古納人一起等著顧客上門…

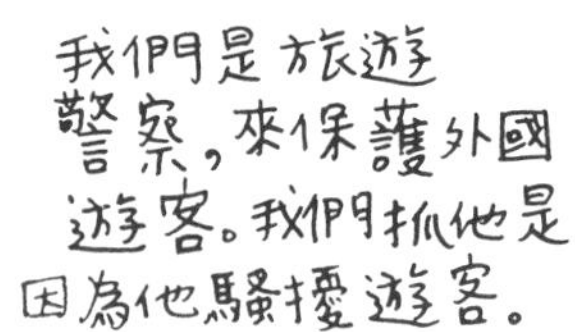

我們是旅遊警察，來保護外國遊客。我們抓他是因為他騷擾遊客。

?
亂講！他是我的秘書！馬上放了他！

哈哈哈哈…這是你的秘書？但守耶博不會認字也不會寫字。
沒錯！就是這樣，他才能當我的秘書！
RAMOSE
GALERIE AL QORNA

我繼續為孩子們拍照，而當其中有個孩子想把一個娃娃賣給我，其他的人就說：不要啦！她是我們村裡的人啦…

經過的遊客已經不多了，而來的，都盲目地跟著導遊，看都不看地就從遊覽車直接帶進墓穴。

但是，有一天：
GALERIE ALQORNA
معرض القرنة
嘿！嘿！你們來看！

?

新開的店啊？恭喜啊！那我可以拿多少回扣？
抱歉，這裡的東西都按照標價來賣。

上車！上車！遊覽車要開了，不等遲到的人啊。
?
?

我找到這個骷髏頭…但也沒什麼好大驚小怪的，畢竟在這座比斯山區，四處是墓穴，再說，對像我這樣一個曾在葬儀公司上班的人來說，也見怪不怪了。

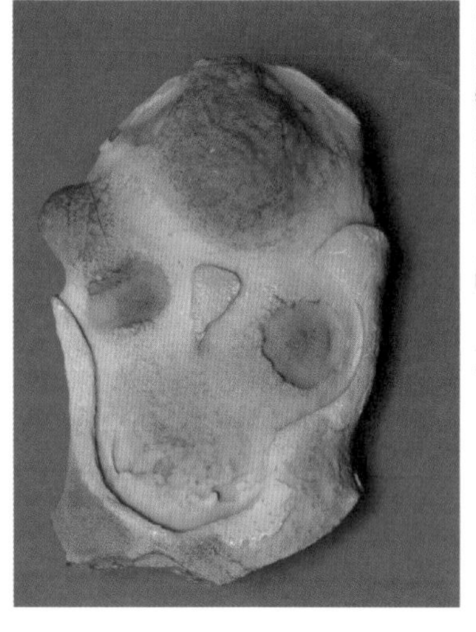

在另一個山坡上，平台邊…
二十年前，我就把這裡當作我的"閱讀書房"。一個有蔭蔽的角落，幾本書，帶顆橘子帶點水，完全的寧靜，連一隻蒼蠅也沒有…對面，一座像我們剛爬過的山，而這座山後，又是另一座，再一座…一直延綿到大西洋岸…

綿延不絕，錯覺也衍生不斷…
老天啊，要遲到了！得快趕去我的"危險女神俱樂部"啊!
?

我要為下一個藝廊的展覽多準備些石頭。
你應該也要把你的"藍色小矮靈"找來幫忙…
好主意，一起開工吧!

用山上撿來的石頭，我做了五十幾個疊石…

我對造形探索抱有極大的熱忱，我不尋求造形的完美，而是想找到一種雕塑形體的原始狀態。像是一件從古代神廟裡失蹤的雕塑，而現在埋藏於遺忘之中。

我開始搜尋關於夢裡矮靈貝斯的資料。在開羅一間畫廊展覽的想法誕生：古埃及神靈與當代埃及眾生將在此相遇——展出新作與每週在開羅的雜誌上連載的諷刺漫畫
貝斯：路之神。
他不讓未知世界的力量，利用惡夢控制睡眠者。他是意識之外力量的化身。
意識和未知幻世交界的守衛…

我在作夢嗎？

他在那裡，在床邊，他看著我…

…不，這不是夢，他在跟我說話…
?
ZZZZZ
TRRR TRRR
TAP TAP
欸，
小子，你呀，
月亮曬屁
屁囉，快
起來！

叩可!!!
我從我自己
跑出來
!?!
我
不是
我。
ZZZZZZZ
快點啦,
還有很多
事要做!
欸,
再一下下!
我來了!
ZZZZZ
好啦,
裡面的,
別推啦!
放開我!
嘿!…
往前啦,鳥人
!!!

Flop Flop
你不要你的靈魂
了啊!?! 你真是
個令人失望的"咖"。
Flop Flop
要死了!
這麼窄的地方
怎麼活啊?
等等!
還有一部分
的我啊!
夠了,
別為那身
包裝皮囊
浪費時間啦。
您自以為是一個
很特別的咖嗎?
嘿,呦,
藍矮瓜,這
兩個怪咖
是啥啊?
哼!你咧…
爛咖、
壞咖、臭咖
…
老天啊,
快把你們的自我
問題擺一邊,不然
我就不管你們了。
zzzzzzzzzz

1999年2月12日。早上起不來。我看得出去走走，清醒一下...

郭龍也仿古埃及在石板上作畫，於是這西元兩千年出土的石板，與我的原始雕塑一起展出。

GALERIE AL-GURNAH

معرض القرنة

PIERRES EN ÉQUILIBRES

توازن الحجر

ARTISANAT!

HANDYCRAFT

VENDREDI 19/02/1999

يوم الجمعة ١٩/٠٢/١٩٩٩

GALERIE AL-GURNAH EN FACE DE LA TOMBE DE RAMOSÉ

معرض القرنة أمام مقبرة راعموزة

1999年2月22日。一個古納人拿張傷肢的X光片來給我看，是他兄弟因路克索襲擊事件而受傷。
RAMOSE
GALERIE AL QORNA
他一直都沒收到救助金。

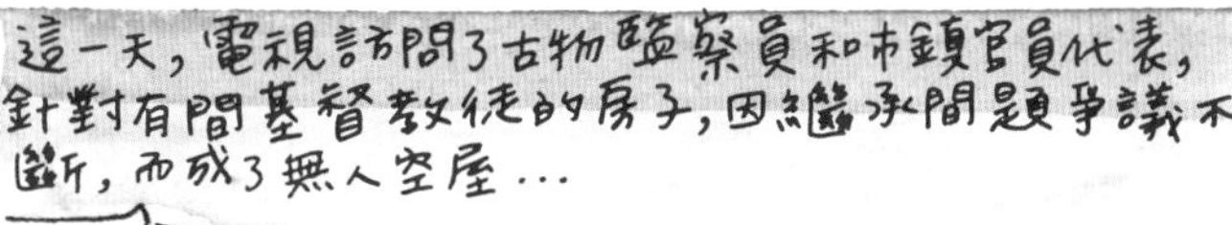

這一天，電視訪問了古物監察員和市鎮官員代表，針對有間基督教徒的房子，因繼承問題爭議不斷，而成了無人空屋…

剛開始以為跟我們一點關係也沒有，但這演變成政府第一波對古納居民進行整頓的具體攻勢。一段時間過後，這間空屋就被拆毀了。
GALERIE AL QORNA

2000年7月。"歡迎光臨火焰地獄番外篇"再度上演。不過這次我們住在家裡，簡樸如修行，沒有電扇，頭頂上，還有片水泥鋪成的露台，被陽光烤得發亮…
救命啊！

還記得那時郭龍為了讓我忘掉暑意，還給我上了幾堂阿拉伯文課…
蒼蠅：دبان
空氣：هوة
熱：حرارة
我一直覺得，應該就是因為這一天，搞得我不想好好開始學這個語言。

晚上，我們登上露台，希望尼羅河的微風拂來涼意。

＊圖中拿手絹的女人為埃及知名歌手ام كلثوم（法譯：Oum Kalthoum）。

啊!總算有點涼風!
溫醇夜……
好舒服的風啊,芭達威亞。
……欲和情……
……是長久以來……
……為你
我心之傾訴……
?

……與我品嚐愛意……
……一點一滴嚐著……

…來嚐一嚐我溫熱多情的心…
…這顆熱切…
…渴望著你的心…

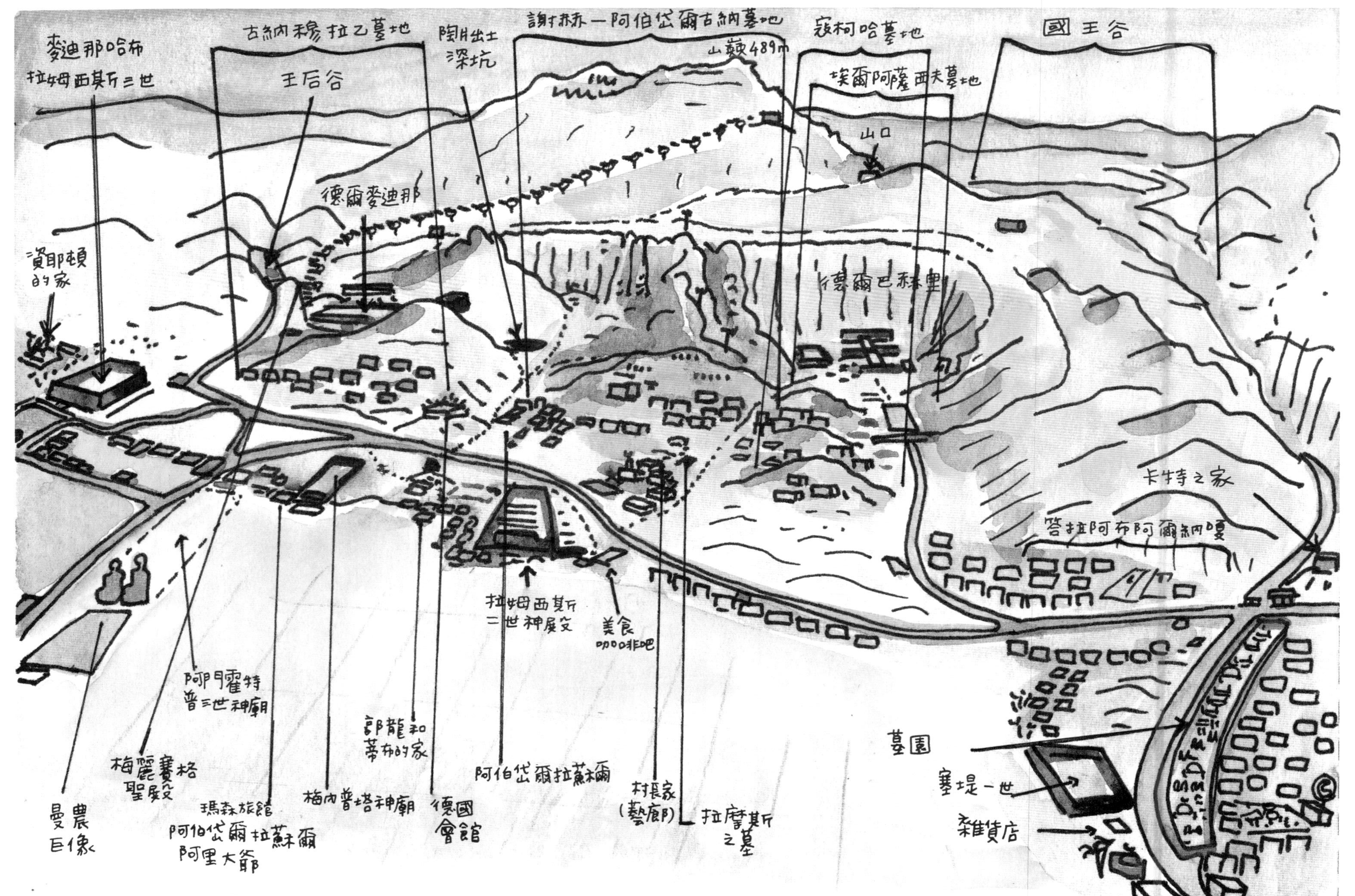

麥迪那哈布
拉姆西斯三世
古納穆拉之墓地
王后谷
陶片出土深坑
謝赫—阿伯代爾古納墓地
山巔489m
寇柯哈墓地
埃爾阿薩西夫墓地
國王谷
山口
德爾麥迪那
德爾巴赫里
資耶頓的家
卡特之家
管拉阿布阿爾納嘎
拉姆西斯二世神殿
美食咖啡吧
阿門霍特普三世神廟
郎龍和蒂布的家
梅麗賽格聖殿
阿伯代爾拉蘇爾
村長家(藝廊)
拉摩斯之墓
曼農巨像
瑪森旅館
阿伯代爾拉蘇爾
阿里大爺
梅內普塔神廟
德國會館
墓園
塞提一世
雜貨店

第三章
威脅

我已把公司結束掉，把我在巴黎
的房子搬空。來古納像個藝術家
過活，是我思考很久後下的決定…
我打算來做裁縫，玩雕塑…
但…第一天…

…我爸以前是搞垃圾箱生意的，
而我，做過葬儀規畫…

…我覺得我混得
比他好…
哈哈哈！

但我現在要
做什麼啊？
嘻嘻嘻！
做、做、做，你們法國人，
只會把這個掛在嘴邊講！
那"生活"，怎麼樣，你們
從來不
想的嗎？

…這句話讓我思考了很久…

2000年12月9日。我在古納已經待了三個星期，我覺得自己過得還不錯。再過13天我就要50歲了，但這對我來說也沒差。我決定把5後面的那個0去掉，去做自己喜歡的事：堆堆石頭或縫縫布作，不管明日，而活在當下。
12月25日。我慶祝我的50歲生日和在古納的新生活。茲耶頓和布陀都一起來午餐，還帶了"Gazouze"汽水來。
波！
晚上，阿李、阿梅得、泰耶伯和"藝術家"在路上相遇，相伴而來。
王后!!! 這是你的生日，你卻忘了你的朋友"藝術家"啊？
但你已經消失好幾個月了！
來親一個！
對啦，我在開羅啦very busy，一直在工作。
HAPPY BiRTHDAY TO YOUUU...
我們很高興總算能在這個小天堂安頓下來。但是，很快地，我們就感覺到...

……在這個拉姆西斯三世的王國裡，真的有些東西已經開始腐敗……
有一個晚上，我在露臺上仰望神殿……
……我聞到了一個味道，這會是什麼？能從這三千年前的美妙境地傳來？
吸吸
不騙你，我聞到的就是大便！對，從拉姆西斯三世那邊，傳來的大便味！
你女兒這裡也是喔！

我馬上喝完飲料，急速前往那犯罪現場。
?
?

不會吧！
SMILE YOU ARE IN LUXOR
願你的夜晚如玫瑰，博士！

而你的夜晚如糞吧！
你知道你在哪裡嗎？
在沙漠裡啊，博士！
不然沙漠在哪裡啊，博士？
這可是"文明的搖籃"，法老王的地盤啊，馬盧蛋！！！
可是我長官說：把這些大便倒到沙漠裡去…

沙漠，在離墓穴，離神殿，
尤其離我家很遠很遠的地方！
如果再讓我在這裡看到你，
我就要通知古物監察員…
別生氣啊，博士，我
們要走了啦！

那你把他們弄
到哪兒去了？
地獄！

從此，每天都可以看見水肥車，在這裡來
回穿梭好幾次…

…發臭的排泄物在整個村莊四處溢流，也或許這兩個士兵還在尋找通往沙漠的路…

這天早上，我在哈布神殿的咖啡吧遇到布陀醫生…

那桌是什麼來頭？

人稱做"風流寡婦團"…

她們在這裡集合談心事，就像個社團罷了！

她們有很多人嗎？

越來越多！她們離開冰天暗地來尋找春光。她們在歐洲是窮人，在這裡就是有錢人。在那裡，她們就是被忽略的大嬸，在這裡，目光炯炯的年輕人說她們美若天仙。還求什麼呢？

過了一陣子，有位年輕的侍者來找我…

博士，我收到一封外國來的信。你可以幫我翻譯嗎？

我看！

阿史哈夫，
我的愛，
每當我醒來，我就想著你。
初見你時，我已知你就是我的真命天子。

她幾歲了？

就跟你一樣，博士。

嗯…好…她說她過得很好，她跟你還有你的家人問好。她說她將在復活節時過來…
回信你想寫什麼？
你問我我問誰啊，博士。
於是我就變成了公共寫手，我的筆記本也記滿了這群"風流寡婦"。
來杯咖啡嗎，博士？

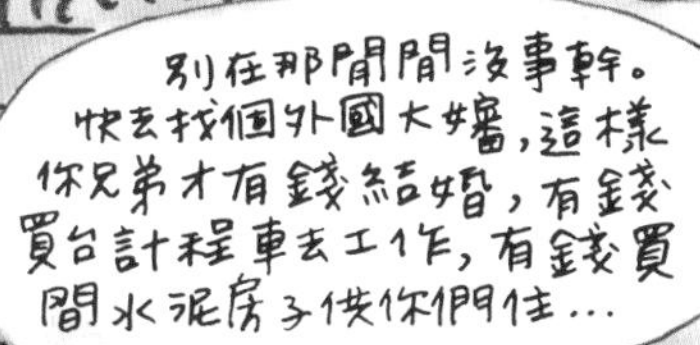

別在那閒閒沒事幹。快去找個外國大嬸，這樣你兄弟才有錢結婚，有錢買台計程車去工作，有錢買間水泥房子供你們住…

你的職業是？
我娶了個外國大嬸！
人家說要來登記我在這兒的配偶。
我們強烈建議
"風流寡婦"的問題是在路克索的領事館的主要業務。

她們有些人是來做生意的，有些則是為宗教因素而來…
甚至還有人找考古學家下手。

我朋友克勞蒂亞會給你建議，她是資深社員…
嗚嗚嗚 我要自殺…
伊斯蘭教才是解決之道啊，親愛的！
去投資一間旅館，再讓他工作去…

這個時候，在一個考掘現場…
教授啊，跟我說說嘛…
慘了！救命啊，老大！埃及學家終結者來啦！

我們一定要單獨好好聊一聊。我想知道有關法老王的一切！
天啊，放了我。我還有很多事要做。沒空陪你玩啊。

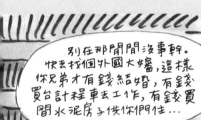

歐沙瑪很受一位埃及學家信任。為了考古工作季，他到銀行幫女雇主把錢存進帳戶…
BANK
Taxi!
風帆!
Shoeshine
motorboat
Postcards
馬車!

願您平安！我想把錢存進H2987這個帳戶。
願您平安。

沒問題！

?!? 呃，您確定？您想把您的錢存進H2987這個帳戶？
對，H2987帳戶。

發生什麼
事了？

?!?
HAHAHAHA!!!
HiHiHi!
HAHAH
HOUHOUH

你們幹嘛笑
成這樣？
HAHAHA!!!
HAHAHAHA!!!

?!?
HOUHOUHOU...
請您見諒，但這是我任職
二十年來，第一次看到一個
埃及人，把錢存進外國女人
的帳戶裡。這跟我每天看到
的是完全相反啊！
HAHAHAHA!!!

村莊有個男人叫漢地，他有兩個埃及太太，和一個我不曉得是太太還是女朋友的瑞士女人...
AIDA

他們想要一起做生意。

有一天，她從瑞士寄給他50000法郎。

恭喜啊，漢地。

他還沒來得及兌現，警方就闖進他家...
????

他們蒙上他的雙眼，把他帶到一個秘密的地方。

TOYOTA

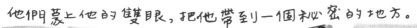

但他知道自己在一個"警備保全"的地方。

把他這樣關了兩天，像餵狗一樣丟麵包給他。

然後過來審問。
這筆國外來的錢是怎麼回事？
你們抓我是因為我收到這筆錢？

我還以為你們把我當成殺人犯還是恐怖分子耶？！？

就為了那一點點小錢！

這是我外國的合夥人寄來給我投資用的。我沒有犯法！

我們的元首還不是一直跟老外要錢，跟美國啦、跟歐洲啦…

…錢是幾十億地要耶！我咧，我才拿到這一點錢，你們就抓我？
把他給我丟出去，不要再讓我看到他！

庫爾恩之嶺…

…是梅麗賽格的天地，那個愛好寧靜的眼鏡蛇女神。

但景色不再：水上飛機和熱氣球來打擾了梅麗賽格。

為了保障遊客安全，三個軍事崗哨監視著這座山。士兵們一開始就地紮營…後來就住進堅固的建築裡。

垃圾都亂倒下山。

山下的國王谷也沒有好到哪裡去…

柴油小火車"亂倒"在墓穴裡的，則是觀光客。法老王的墓地，變成了幫國家賺錢的熱鬧博覽會。照這情況下去，3500年前畫在岩壁上的華麗圖騰，將很快就消失，溶解在這娛樂時代的勞動汗水裡…

“古納造屋密笈”。一切就從最簡陋的圍欄開始：棕櫚樹幹、麥桿，再放一點兒給驢子吃的草……

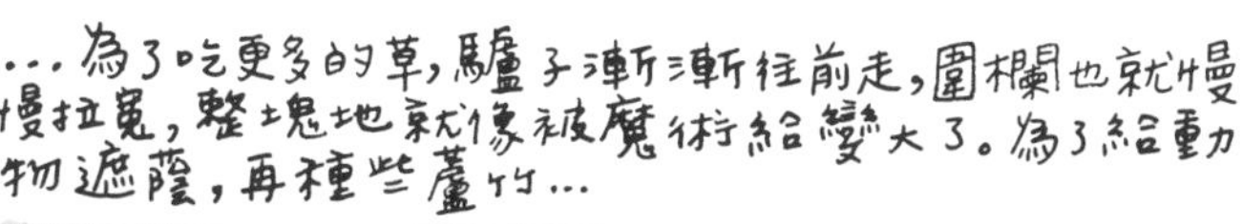

……為了吃更多的草，驢子漸漸往前走，圍欄也就慢慢拉寬，整塊地就像被魔術給變大了。為了給動物遮蔭，再種些蘆竹……

……在這“自然”帷幕後方，農田邊，在山谷的黑土上，人們開始造磚：用泥、麥桿、驢子尿尿，還有從法老時代流傳下來的磚模。

曬乾磚塊，長長的棕櫚樹枝去掉葉子後……

……再講究地排列在梁上，而鋪上泥土後，就成了天花板、屋頂或露臺的底板。

某天蘆竹帷幕一消失，一間房屋就此現形了。精心灌溉，小樹成長，生命在此生根……

但時至今日，時間變貴，材料也變貴了。好的磚瓦匠越來越少，沒人有能力付現金。而且土房子在集體意識裡，意味著小農的貧苦生活；混凝土建的堅固房子，則象徵著現代化和社會成就。人們可以貸款買這種房子，一心想著它可以抵擋一場五年或十年後才來的暴雨……

冬天像個冰庫，夏天像個烤箱，混凝土的房子還是一間一間地蓋，埃及鄉間的景色已經徹底改變了。

我們興沖沖地談著二樓要怎麼蓋。
我可以做拱門。
拱門啊，沒問題啊！
好，但還是寫個估價單，因為上次…
別擔心，這花不了多少錢…6000埃鎊，就能全部搞定…
…再加上每個月的房租150鎊…
好啊！但是要由茲耶頓你來指揮工程跟管錢喔。
唉！開始都說得很好聽，之後…
之後…之後被工作塞爆，被歇斯底里的客戶逼瘋的茲耶頓，趕緊在大崩潰之前逃離…
茲耶頓！
轟轟轟轟…
我留了800埃鎊給阿李買磚塊。
幸好你閃得夠快。
我們也不趕著完工。

不過阿李沒有等茲耶頓回來，自己就先開工…

回到古納...

哎！我說過拱門要朝另一個方向，拱形應該要用生磚而不是熟磚。這些拱門結構上撐不了多久的...不過...呃...情況還不算太慘...

怎麼樣啊，師傅？覺得如何？要不要再一起搞些大生意啊？！？

茲耶頓覺得這應該不至於會塌下來...

芭達威亞的殿堂，是不是很美啊？

謝天謝地啊！

卡洛琳是個很有活力的英國人，熱愛古納，一直為保留村莊奮戰。古納人也相當喜歡她。

藝廊一切
都順利嗎？

If you have money and
time it's a good game!
...

...不過也真是夠了！冒險事業也要有個限度！說實話，我們也不是做生意的料！我們寧願跟孩子們一起做一些東西。

阿梅得之前多算了浮雕的價格。為了結清這些帳，我們找來穆漢默德當中間人...

...不過，一切徒勞...
有一筆明明就結清的帳，阿梅得還敢再跟我們開口要800鎊。看他這樣毫無分寸地亂搞，郭龍氣得跳起來，付了錢後就把他趕了出去。

無視於滿臉不情願的阿梅得，我還是在藝廊舉行了
2001年軟帽設計大賽的頒獎典禮。

不過現在，我們已經沒有這個空間給孩子們用了。

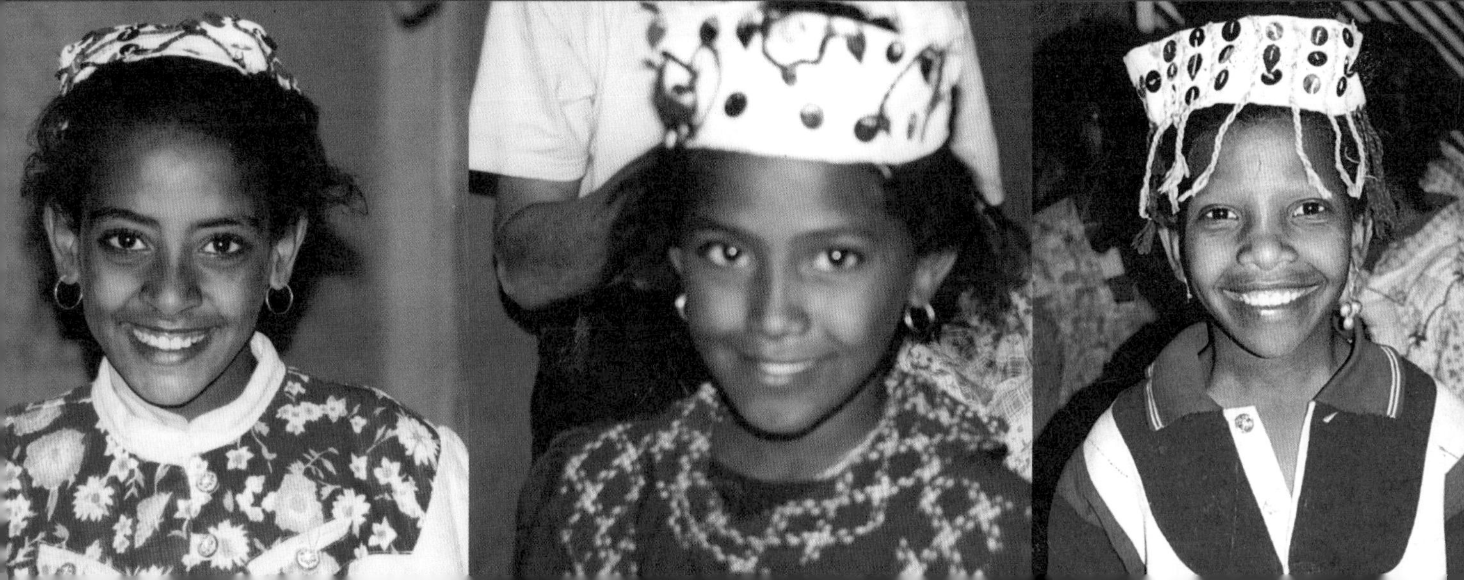

*迪克兒（Dhikr）：為蘇菲教派儀典，透過反覆唸誦祈禱，旋轉律動身體，達到精神恍惚的入迷狀態。

我總算在納加達找到好的藝匠，就買了很多手工布料，開始很積極地設計服飾。

2001年3月，社經法研究與文獻中心主任，跟我提議在年終晚會上做一場時裝表演，邀學生們來參與走秀。

我就找了漢娜，一位14歲的女孩，每天早上跟我一起工作，我教她用細針織法完成網紗帽。我是在阿里大爺那裡認識她的。

她只上過伊斯蘭學校，雖說喜歡裁縫，有心學習，工作上又追求完美，但縫紉時還是會不得其法地用力扯線；

我不會說阿拉伯文，而她不會法文，這種時候，我就用手肘推推她，暗示她停下來，做給她看。

2001年6月，我的第一場時裝表演。

ZZZZZZZZZZ
你知不知道有人會夢遊？
關我什麼事！
ZZZZZZZZZ
…他們可以邊睡覺邊走動耶…
這麼厲害!?!
ZZZZZZZZZ
我們要他怎麼樣就怎麼樣。
是嗎？你知道怎麼操縱睡著的人啊？？？
ZZZZZZZZZ…
試試看嘛。沒試過怎麼知道！
上次也讓你試那些有的沒的，結果勒？？？

哼，跟你什麼都做不了耶！
ZZZZZZZZZ...
可是，這可能很危險喔。
ZZZZZZZZ...
讓我試試，你看著，很簡單的。
你這樣亂摸不好啦！
ZZZZZZ...
少囉嗦，呆巴鳥，快好了啦！
……咯咯……
小心啦！你會把他弄醒啦！
喔!!!
ZZZZZZZZZZZZ
???
???
喂，樓上的，吵完了沒啊？

噢，底下的臭八怪，
閉上你的臭嘴啦!?!
ZZZZZZZZZZZZZZZZZZZZZ...
我跟這兩個
野鬼在幹
嘛啊?!?
你腳最臭啦！
臭咖王！

B咖、爛咖、小咖、
怪咖、遜咖、笨咖、
malfunction咖、廢咖、光頭咖...
佳手！
ZZZZZ...
哈咯咯咯...
黑影、鬼影、
黑心鬼、黑鼻屎、
爛泥巴、臭八怪、
噁怪、屎怪...

噢我的太陽神啊！
看吧！你們把他
弄醒了啦！
嗯...
哎呦！
??

啪
啪
咻…
唰…

喔啦啦…
不會吧…

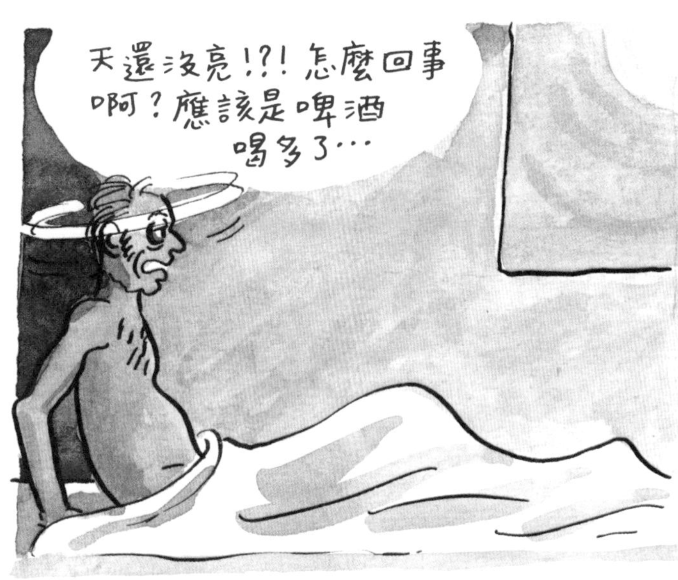
天還沒亮!?! 怎麼回事啊？應該是啤酒喝多了…

去喝杯熱茶好了。如果明天還這樣，得去看一下醫生。
噢不！不要布陀醫生啦！他一定又會到處亂摸，不妥啦…
chip chip chip

2001年9月11日
喔啦啦，你看起來很累!?!
啊？呃，沒有啦！就感覺好像全身各部零件湊不太起來。

真的啊！這些部分就像："咖"，是我的生命能量、"巴"，我的靈魂、"舒特"，則是我的影子。我正在準備的展覽讓我滿腦袋都是古埃及神話
…
對古埃及人來說，為了能在永恆來世生活，一定要把這些元素結合起來。

睡眠像是一種進入來世的旅程，不過，最怕是再也醒不過來了…
那你那個藍色小矮靈，不是會幫你回到現實嗎？

最近他好像把你忘記了吻…吃顆阿斯匹靈，應該就會好一點。
好啦，算了！我去看看2樓整修弄得怎樣。這才是現實！

你有看到紐約雙子星大廈怎麼爆炸的嗎?!?
?

他們說還有人去攻擊五角大廈…
嗨，老闆。

你們吃錯藥啦???
我們？哪有！你沒看電視嗎？
我家沒電視啊。

在鄰居家…
你看這是真的！

我把自己沉浸在創作裡，因為現實竟然比我的噩夢要恐怖多了…

*咖(ka)：在古埃及神話裡代表逝者的分身，也就是生命能量。

作者註："即刻登機"，為2001年11月在開羅Town House畫廊的展覽。

把這些
通通帶走!!!
?
我不要在底比斯再看到偷渡客!把這
些古納人給我丟到沙漠裡去!!!
?
?
鈴鈴鈴鈴!
?
鈴鈴
???
鈴鈴鈴!
鈴鈴鈴
你們沒有權力抓我!
放開我!
鈴鈴鈴
時間到了。
我們去山上
走走?!?
鈴鈴鈴鈴!!!
鈴鈴鈴
鈴鈴鈴
鈴鈴
鈴鈴鈴鈴!!!

每天清晨，我們都在山裡漫步，有時會遇見豺狼和狐狸正奔回巢…

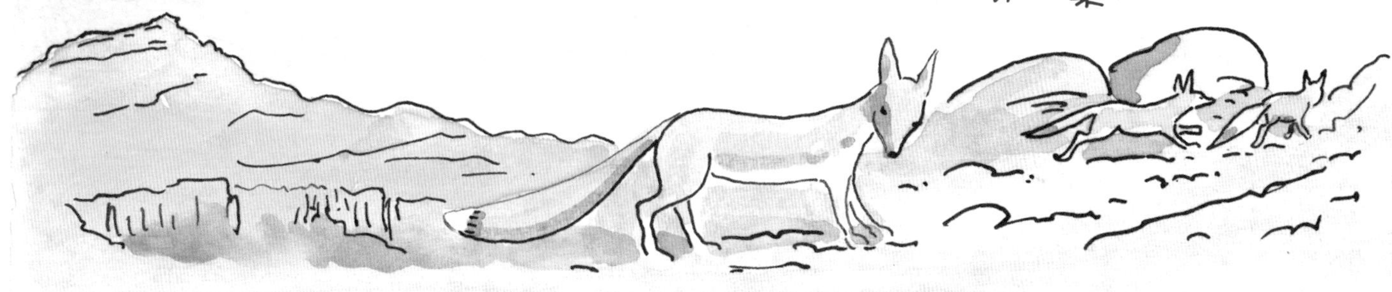

在往下到"答拉阿布阿爾納嘎"墓地的路上，我們遇到一列出殯隊伍，人潮如浪洶湧，默默地向墓園推進。以布裹住的逝者，沉浮在生者之間不間斷的輪替運載之上…

豺狼神威普哇威特做為前鋒排除路障，引導隊伍前行。

據說有次出殯，逝者的遺體還曾拒絕行經殺害他凶手的家門前。

星期二，市集之日。我們午餐吃了煮蠶豆、炸丸子、跟醃菜*。我們身旁是一些司機，他們把遊客放到國王谷去逛後，就來這裡偷閒吃飯…

接著我們就在市集，補充些民生必需品，也享受著偶遇朋友的喜悅…

*為三樣埃及道地小吃，法文譯名分別為：Foul, Taameya, Torchi。

這天晚上，我去拉姆西斯神殿那邊的咖啡吧，喝了杯"stella"啤酒。
啊，塔黑克開著他的新車來了！
WROOOM...

願你們平安兄弟們！

平安。
你好嗎？
恭喜啊！

老闆！WHiSKY！

噢，貴客光臨，小店生光彩！不過，很抱歉我們沒有賣威士忌啊。您也許可以試一下本地的白蘭地？
也多虧了你的光芒呢。4瓶啤酒好了！

其他客人都離開了，而他們一直喝到深夜……

呃！我一定要說，兄弟們，你們，跟不上時代啦！…咯！…你們運氣不夠好，或你們野心不夠啦，咯！…

…拿你來說，撒耶德，你娶了一位法國大嬸，讓你蓋了一小間水泥房屋，給你第一任老婆和小孩住。那個哈哇嘎卻喜歡住老土房子，謝天保佑啊，你還有電視、洗衣機、跟一台二手寶獅老爺車…

你勒，阿波岱爾沙達？咯！…你那個德國妞給過你什麼？…啊，有啦！一間五房公寓、冷氣機、電視、放映機、洗衣機，還有一台近全新的小巴給你做觀光客的生意…咯！
哼！…

喝啊，卡雷德！我請客！靠你的英國老婆，你有房子、電視、一間店賣紀念品、一台Toyota小貨車… 爛…透…了!!!

我啊，兄弟們，我娶的是美國老婆！我住別墅、有衛星電視可以看，還有超大平面電視，四輪傳動車，有飯店還有遊覽車！…
I♡NY
BORN IN USA

“哩卡東”，喜歡的則是一位年輕的英國女人。他是村裡的首席畫家。
建築外牆的壁畫是古納獨特的景致。敘述著這裡的主人是個去麥加朝聖過的信徒。牆上畫著麥加的朝聖，也描繪著田野景色、動物或神話圖像。

如果說"嗶卡索"的藝術，是外露於牆面上的，那"藝術家"穆漢梅特的作品，就顯得神秘多了…
我忙個不停。昨天我還一直忙到凌晨5點。
我們藝術家都是這樣的，做一件事，是沒辦法說停就停的。
Oh my God, I work so much!!!
But now，你看著，我可是做過unbelievable的事喔!!!
我要跟你說一個天大的秘密。Listen to me!
?
聽了之後你一定會覺得：I'm crazy!
Yes, yes, I know!
我的作品被收藏在羅浮宮，yes, yes, my dear…第十八王朝的古董，是在下我畫的…

全世界最FAMOUS的埃及學家！
他說：這件貨真價實的古物，
來自新帝國，第十八王朝，嘰哩呱啦…

…and when he says
這是真的，這就是
真的，when he
says 是假的…

…就算它是真的，
也變成假的了！

I'm not crazy,
believe me,
穆漢梅特沒瘋啊！

我已經計畫好了。
我全都可以
証明。

我會選一個好時機，
整整這些fuckin' egyptologists！
BAM!

我們的朋友阿思瑪，知道我們跟孩子們的創作後，便連繫上M.A.L.，一位熟識埃及、住在摩納哥的朋友。我寄給他相關資料，幾經書信往來後，M.A.L.跟我提議到摩納哥辦一場布偶拍賣會。

2002年1月，我讓孩子們做些美麗的布偶送到摩納哥。

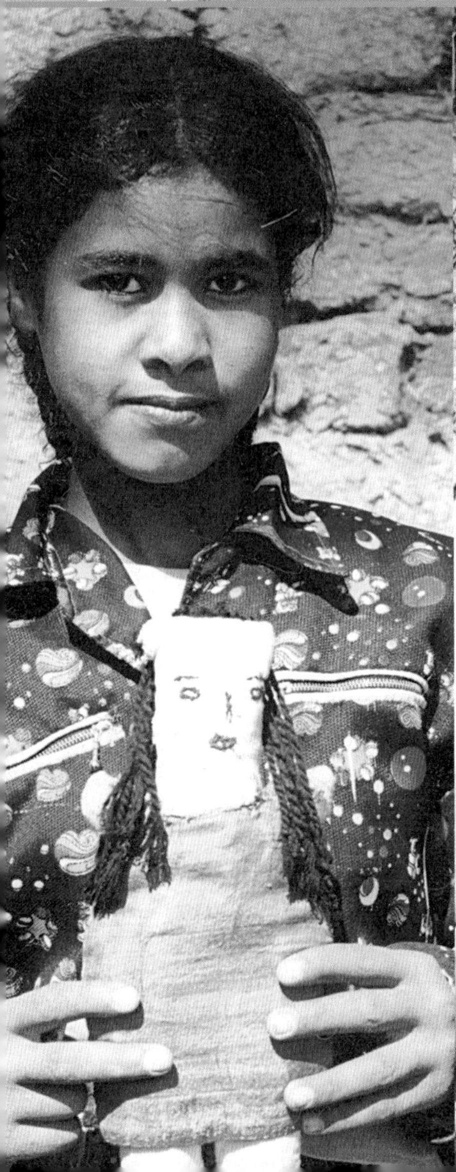

M.A.L.邀請了些摩納哥的名媛貴族一起午餐。請位拍賣員主持了古納布偶的拍賣會。用歐元換算之後才知道，這些拍賣所得能為古納的兒童做多少事。

回到村莊……我們就在家為這67個孩子
辦了一個慶祝餐會。
有煮蠶豆，沙拉、蛋糕、水果。
豐富美食當前，孩子們吃得很拼命，
男孩們吃光所有的香蕉，還有些孩子
們狂喝果汁飲料，結果搞得肚子痛…
四處叫得亂七八糟…

我發誓我再也不搞
這種餐會。也決心為孩子
們再找個地方。

在埃及，很多事情像註定好的一樣。我們才覺得需要一個地方，而就這麼剛好，阿李利用之前堆在二樓的磚，在庭院裡砌了些東西。

你在弄什麼啊，阿李？
我也不知道，芭達威亞，但我覺得自己像個建築師。
那為什麼不幫孩子們建一個工作室呢？
？

先付給你建造的錢，簽8年的租約。

經過多次討論，阿李就同意了…

像之前蓋房那樣，郭龍畫了一張設計圖…

卡蜜，一位畫家，為在卡奈克神廟的法國考古隊工作，有天打電話跟我們說，也想為孩子們做一點事。

我們就跟她合辦了一場船舶設計大賽，開放給每個孩子，不管女孩或男孩都能參加。

頒獎典禮就在我們的院子舉辦，巴達威拿了第一名。

2002年9月。
孩子們的工作室全部完工。
2002年10月。
以尤瑟夫做為精神指標，
工作室的冒險之旅就此展開！

工作室每週五早上開放4小時，
開放給3到16歲的孩子(每週大約來80人)，
很大，而我們只有3個人來帶！

卡蜜帶繪畫課...

...郭龍，插畫課...

...而我，教他們裁縫。

每次上完課我們都精疲力盡，但滿心歡喜。

L'ATELIER

這組拼貼作品，是用孩子們從山腳下找來的自然顏料著色完成，長寬 4m x 3m。是他們的第一件作品。

不過，有時還是得管管這些孩子。我看到阿美特離開時，有一把大剪刀從他的埃及長袍裡掉出來。

從開始的40把剪刀，一年過後，只剩4把…

阿美特，如果每個人都跟你一樣，那工作室裡很快就沒有剪刀了。

可是我家沒有剪刀！

我們教他們珍惜這個屬於他們的環境，要愛惜用具，維持整潔。不過，最令我驚訝的一點，是從來沒有一位家長來這裡看看孩子們做的事。

咯！咯！我真不知道叫他們打掃是不是個好主意？

咯！咯！

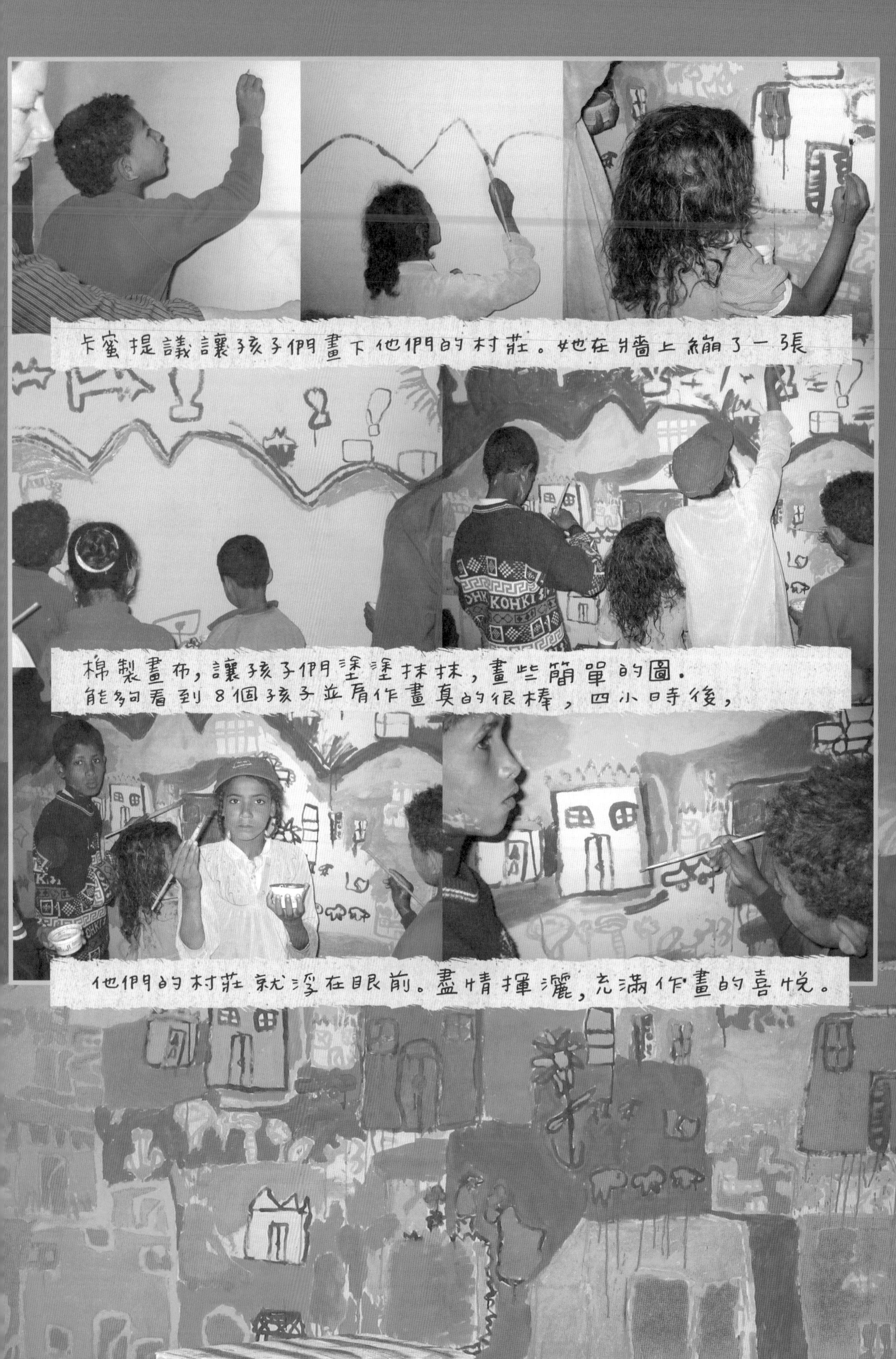

卡蜜提議讓孩子們畫下他們的村莊。她在牆上繃了一張

棉製畫布，讓孩子們塗塗抹抹，畫些簡單的圖。
能夠看到8個孩子並肩作畫真的很棒，四小時後，

他們的村莊就浮在眼前。盡情揮灑，充滿作畫的喜悅。

孩子們自由地選他們想做的。這兒也有郭龍的插畫迷。

畫完村莊後，孩子們也用紙板做他們的房子。
描繪周邊的風景，還做了自己的肖像。

不顧女生抗議，縫縫補補的創作課裡，也有男孩子來玩！

他們用紙粘人偶，上色後再穿上用布做的服飾。

不過，最受孩子們喜歡的創作，就是串珠珠！

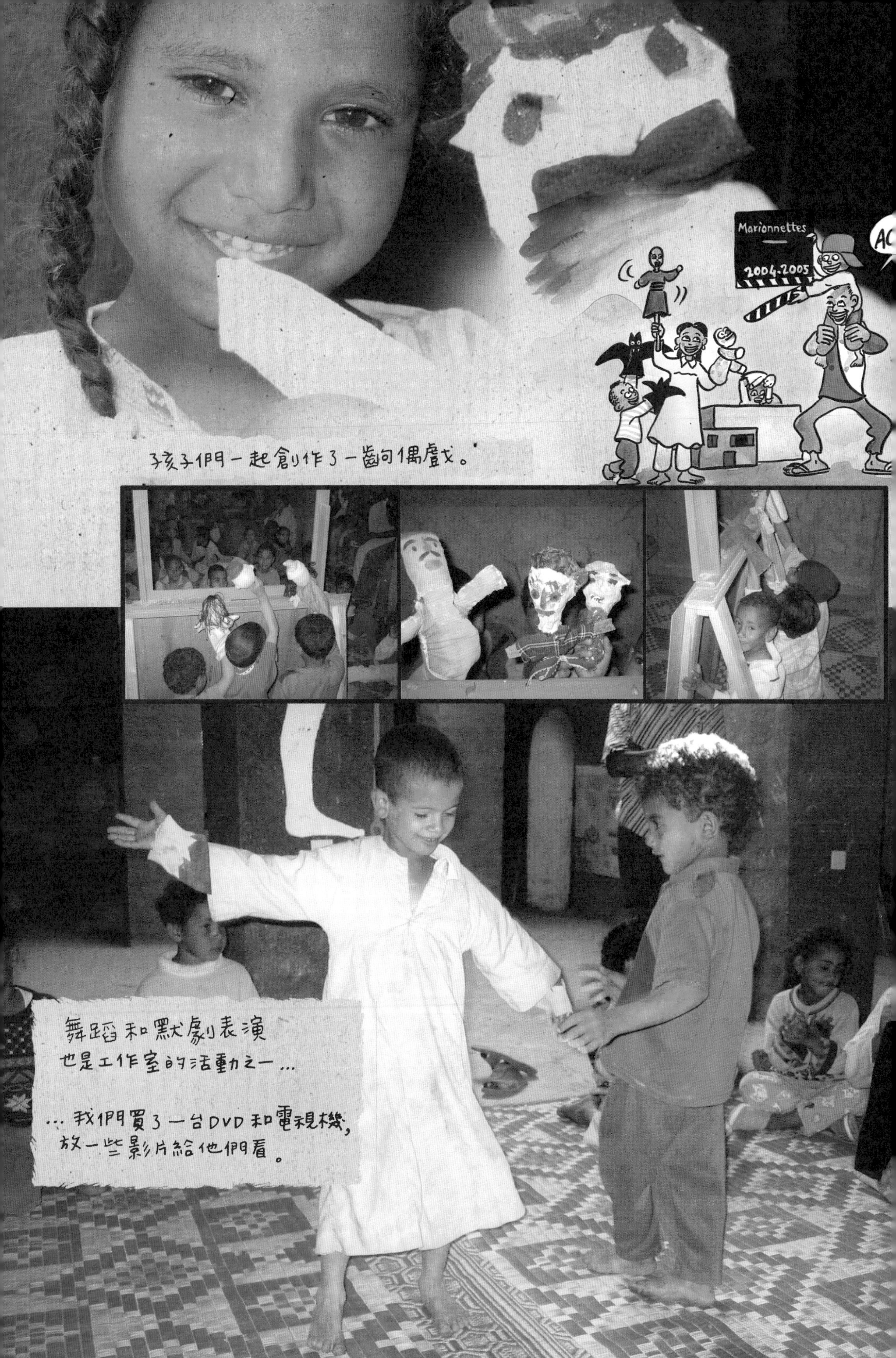
Marionnettes
2004-2005
孩子們一起創作了一齣偶戲。
舞蹈和默劇表演
也是工作室的活動之一…
…我們買了一台DVD和電視機，
放一些影片給他們看。

2003年3月。我們讓6個從來都沒用過相機的古納孩子，用拋棄式傻瓜相機，拍下他們的日常生活。

法蒂瑪和家人。

伊曼正在餵鴿子。

守耶博的爸爸在家裡畫的壁畫。

莎耶妲載水回來。

莎耶妲搬雙耳甕。

瓦立得的家。

法蒂瑪和媽媽在洗衣服。

伊曼割採苜蓿餵牛吃。

莎耶妲的爸爸在家中。

法蒂瑪的媽媽正要烤麵包。

伊曼的父母在家裡。

M.A.L.再次幫助我們，一年後，2004年2月，一個摩納哥的代表團來看工作室的現況。

大部分的孩子都沒進墓穴看過。我們就以組小團的方式去參觀德爾麥迪那王陵。

站住！你們這是要去哪裡？

有問題嗎？孩子們是跟我們一起的。

我是旅遊警察。是來保護你們的。

保護我們？會有什麼危險？這些小孩很危險嗎？…還需要用到衝鋒槍啊?!?

?!?

這裡是遊覽區，要買門票才能進去。

我們有門票啊。

!?!

在門口，守衛就讓我們優先通過…

你輝映了這地方啊

才多虧了你的光芒。

我不敢去到地底下。

我牽你走。

Wait a minute it's full.

去逛吧，裡面沒人。

我喜歡古納的各種聲音，
農人的呼喊傳盪於田間……
孩子們的
笑鬧聲……
日落時分乍然而
止的鳥鳴……
彩紋戴勝喔喔地唱，
轉個頭便換了個調……
TIC TIC TIC…
小麻雀
嘰嘰喳喳……
驢子發情的叫聲……
誤闖家中的黃蜂，
固執地衝撞紗窗
直到疲憊不動……
بسم الله الرحمن الرحيم
可蘭經的祝禱聲，在整整三天的葬禮
儀式裡，唱頌不斷，撫慰人心……
但我就沒這麼欣賞
高分貝放送的婚禮音樂了……
BOM BOM BOM BOM BOM BOM BOM
?
3:00
有人
敲門耶。
?
BOM BOM
睡吧，那是
吃封齋飯
的打更聲……
?
BOM BOM
在齋月期間，他叫
醒大家，讓他們
能在日出前
吃些東西……
BOM BOM
BOM

我喜歡風穿過棕櫚枝葉，拂過蔗田的聲音，像極了海潮聲。感覺就像在醉舟裡悠晃著…
一天晚上…
什麼聲音？是不是謀殺案!?!
你看！是蔗田裡的豺狼啦。
我，永不會忘記，成群的鸛鳥，在早餐時刻飛越頭頂的景象。
也忘不了月蝕之夜…
我記得小時候，有次月蝕，全村的人都敲打著桶子，製造聲響，吵得嚇死人。
那夜月蝕，則寧靜而美妙。
早晨有時會瞥見幾隻在院子裡亂竄的獴。
天氣熱的好處，就是衣服乾得很快。
夏天只要沒有坎辛風，我都還受得了。不過，一旦超過43°C，我也真的會崩潰。
有人說，這裡的人夏天時什麼都不做，那是因為在這酷熱下，根本什麼也做不了。熱得讓人精疲力盡。

春天時，
氣溫回升，
蒼蠅也跟著
來…

牠們四處亂
飛，騷擾不停。

聽說要做到
視若無睹才能
解脫…

這，不容易啊…

但急躁起來，可
一點好處也沒有。

簡直就是耐
力操練特訓。

幸好，事情總有結束的時候。

太陽下山，
蒼蠅也下班了。

不過，小心飛蚊啊！

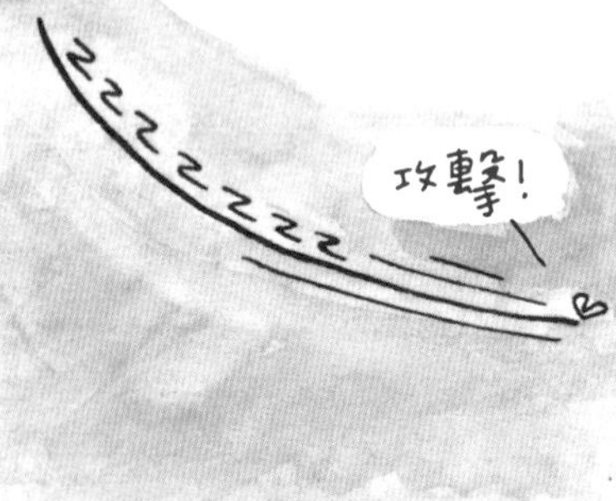

幸好，起風時，
蚊子大軍也潰散了。

但可千萬不要是坎辛風啊…

梅納之墓的壁畫
مدرية
13 cm
100
30
15
10
37 cm
37
(acacia) 金合歡木
مدرية
這也是收成的季節。

6月，真是熱得要命！我要去歐洲。
那裡天氣正好，6月、7月、8月、9月…
好舒服啊！！！

My passport is finished!
Too much Visas!
STAMP! STAMP! STAMP!

搞一本新護照，NO PROBLEM FOR ME!

The problem is the "VISA"!

It's impossible now to have a visa for France!

我有 Visa 卡，金卡、萬事達卡、美國運通卡…
他們都跟我說：
IT'S NOT ENOUGH
穆漢梅特！

我在瑞士銀行有個帳戶。我之前去開羅的分行找他們經理。一位很熟的朋友。我送她一條美到不行的項鍊。美得冒泡!!!
我直接到她辦公室去找她…
嗨!穆漢梅特!
How ARE you?
打招呼還親臉頰咧,什麼都聊…
我認識大使先生。人超好、又迷人。他太太也很好。Healthy woman!跟我很熟,還來過我家呢…
You know my "villa", my "palace"…
聖甲蟲造形的房子,designed by myself:每間房間都有"made in Germany"的馬桶、衛浴…
And after I fly to EUROPE: Geneva, Roma, Paris, London…
我要搞一個"big party",要請個4000人,阿拉保佑,一定會有很多人啊!
I have many good friends. "上流生活嘛", You know…

在聖紀節*時，騎士們像從前的馬木路克騎兵(後註2)一樣，策馬快速狂奔，而後短距猛烈急煞，非常刺激驚人。

我曾帶一個工作室的孩子，瓦立得，去布陀醫生那裡治療一個很久都好不了的小傷，他的媽媽跟我因此成為朋友。她帶我去看在鄉間的聖紀節，我是那裡唯一的外國人。

埃及人受不了獨居生活。

當她或我的鄰居看到我獨自一人，想說怎麼我不怕自己一個人在家，就請我去他們家吃晚餐，甚至留我過夜。

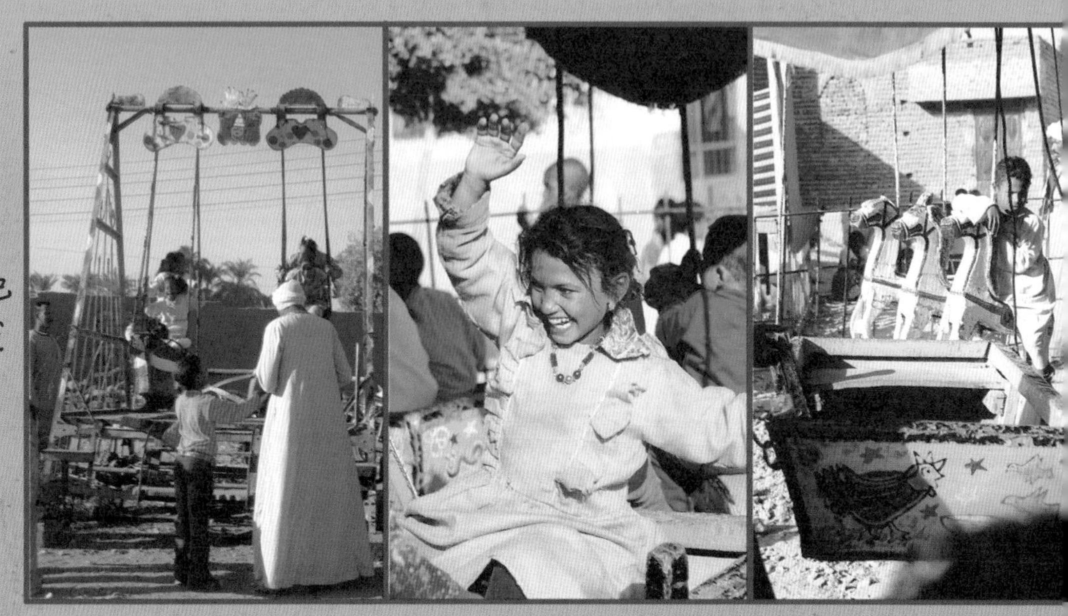

* 聖紀節(Mouled)：為紀念伊斯蘭教先知穆罕默德誕辰的節日，不同教派於不同的日期舉行慶祝活動。

婚禮都得熱鬧個三天，我們常常被邀請，作為賓客，也來幫忙拍照。

第一天是新娘的哈納*之日：
男女賓客分成兩群，但像我這樣的女"哈哇嘎"的西方女人，
兩方都能邀我加入。

所有的鄰居都到了，等待著"艾路薩"，也就是最後到場的新娘，
不過通常裝扮得都快認不出來了。

* 指甲花。

在賽德，女孩到了13歲之後，就只能待在家，等待完婚。從2001年在社經法研究中心的時裝秀之後，我就負責教漢娜裁縫：她來我這裡拿工作回家做，完成了再拿來給我看。

有一天，她吊著一隻手，哭著來家裡找我。她的哥哥阿施拉，娶了一個外國女人，在他們父親過世之後，成為了一家之主。是他打斷了她的手。

傍晚時，我去找他。他覺得以漢娜這個年紀來說，她過得太自由，她應該要好好待在家裡等人來娶。還有朋友跟他說她行為不檢。我已經記不太清楚，當時是怎麼用我的初級阿拉伯文跟他溝通的，但最後，漢娜還是繼續跟我工作下去。

她也來工作室幫忙。有次我們做以馬為主題的創作。她用碎布做了幾隻很漂亮的馬。我鼓勵她繼續做。之後便幫她帶到開羅的一些店裡去賣。

渴望得到自由，漢娜很快就跟阿軋以訂婚。為了結婚，新郎必須要有間備有冰箱、床鋪、德卡、瓦斯…的房子，還要買金飾送準新娘。而阿軋以才剛退伍，幾年之間根本付不起這些開銷。

因為跟漢娜的情誼，我們出錢辦了婚禮。但她的生活卻比以前的貧苦更苦：住在沒水可用，磚粉泥地的一房兩廳裡。很快地，她就生了個兒子，瑪木德，現在都快四歲了。漢娜是個渴望工作的年輕女性，願為獨立自主而努力奮鬥。現在村裡這種女性，可越來越多了。

牆築好了。總算能隔開農地跟田間動物了。

我可以開始種些東西，弄個菜園。只要澆水，這兒什麼都種得起來。
馬穆德，我們的園丁，種了檸檬樹、橘子樹、番石榴樹和香蕉樹。

阿布巴克帶給我們
紅黃白三色的九重葛、
三棵橄欖樹、
木槿、
鳳凰木、
還有兩株雞蛋花…

這些是政府官員，針對你加蓋的那道圍牆來開罰單…
?
要付400埃鎊的罰金，因為我沒有事先申請許可就加蓋這道牆。
申請許可要花200鎊，不過罰單上有寫：”…一道長15公尺的牆，加蓋於房屋東邊”…也就是說，這房子其實已經被政府認可了啊。
那再給我400鎊去付罰金就好了。

2004年11月。
東邊，有團巨大的雲層，動也不動地，向四處閃電擊雷…
你放心，布陀醫生跟我說這片雲位在紅海上空，離這裡至少有三百多公里遠，不會飄來這裡啦。

上一次暴風雨，離現在正好十年。當時大雨整個狂瀉在古納，災情相當慘重。

我知道。當我跟"瘋子"薩也德買這些門的時候，他說這是當初他家唯一能撐過暴風雨的東西。

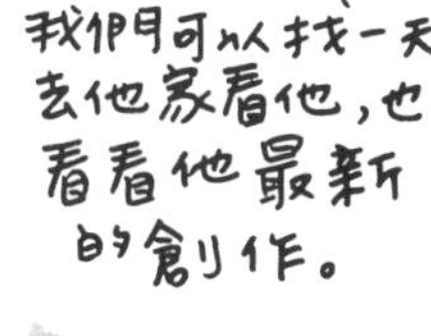

很久沒在市集遇到他了…

我們可以找一天去他家看他，也看看他最新的創作。

黑得什麼也看不見，這些狗好恐怖。
別怕，這沙地裡不缺可以丟狗的石頭。
汪汪
汪汪汪
汪汪

我想就是那裡了。
前面有人，去問一下好了。
汪汪
汪汪汪
汪汪汪

汪汪
汪汪
薩也德？對，這是他家。不過他最近才剛死沒多久。
汪汪
？ ？

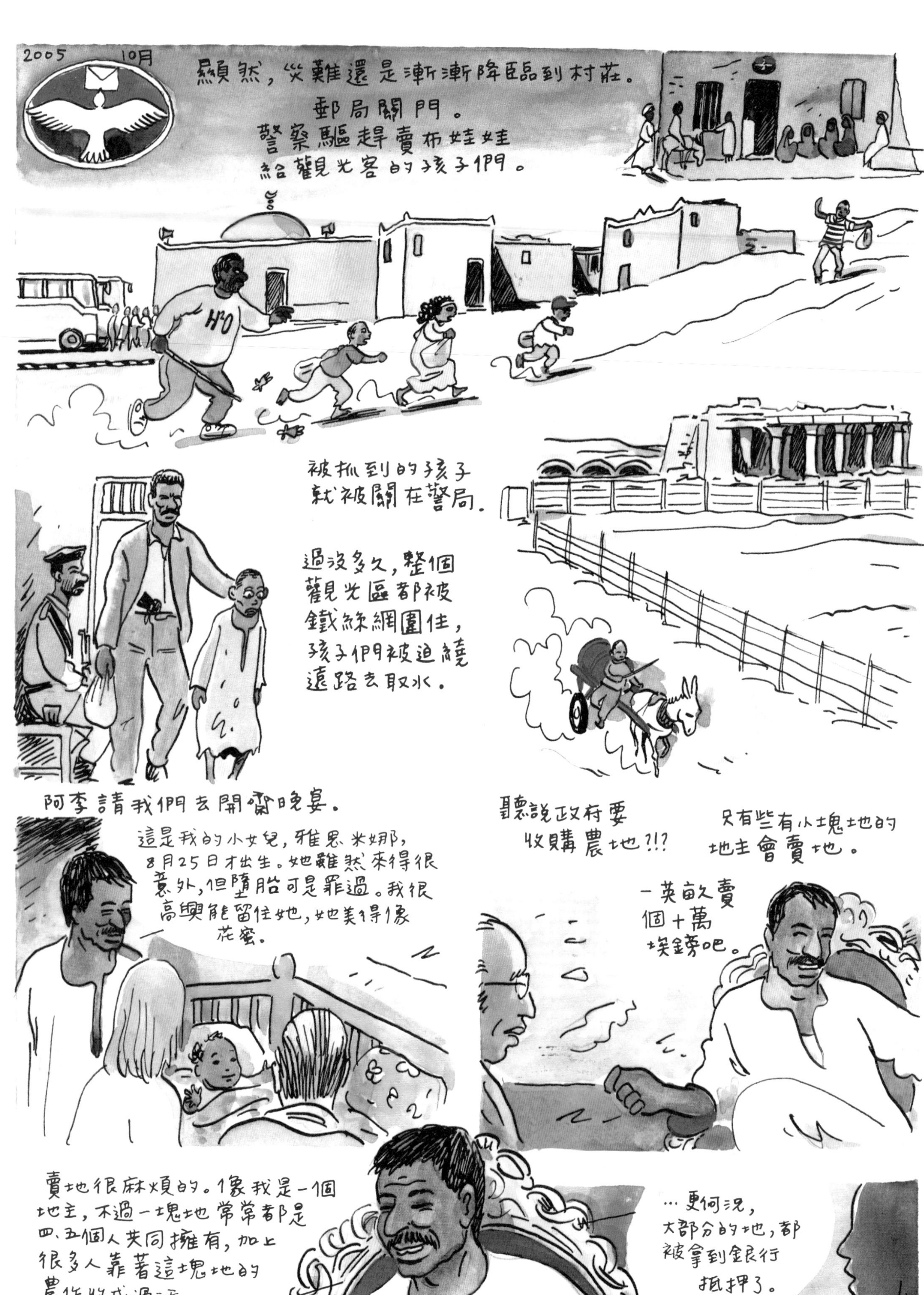
2005 10月
顯然，災難還是漸漸降臨到村莊。
郵局關門。
警察驅趕賣布娃娃
給觀光客的孩子們。
H2O
被抓到的孩子
就被關在警局。
過沒多久，整個
觀光區都被
鐵絲網圍住，
孩子們被迫繞
遠路去取水。
阿李請我們去開齋晚宴。
這是我的小女兒，雅思米娜，
8月25日才出生。她雖然來得很
意外，但墮胎可是罪過。我很
高興能留住她，她美得像
花蜜。
聽說政府要
收購農地?!?
只有些有小塊地的
地主會賣地。
一英畝賣
個十萬
埃鎊吧。
賣地很麻煩的。像我是一個
地主，不過一塊地常常都是
四、五個人共同擁有，加上
很多人靠著這塊地的
農作收成過活…
…更何況，
大部分的地，都
被拿到銀行
抵押了。

這天晚上，一位義大利的埃及學家在阿里大爺那裡辦了場年度晚會。當然少不了餐點、雞尾酒、音樂和勁歌熱舞...

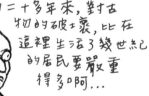

...因為這位專精葬儀研究的教授，熱愛享受生活，還是位搖滾樂迷，當然身邊，總也圍繞著音樂品味相投的"女研究員"...

Just let me hear some of that
rock and roll music,
Any old way you choose it...

很美的村莊，不是嗎？
嗯！不過一個村落的存在跟考古採掘研究，卻是難以並存的。

不過，好幾代的古納人都在這兒幫考古學家工作。他們很專業。旅遊工業盛行的二十多年來，對古物的破壞，比在這裡生活了幾世紀的居民要嚴重得多啊...
你小蝦也想鬥鯨魚啊?!?對抗旅遊工業根本是不可能的事。

要認清現實啊。這些人也很高興離開。
這村落是獨一無二的。它展現的是古往與今來間不可或缺的連繫...

但滅村行動真的開始了...

2006年 10月。
阿李請我們把孩子的工作室讓給他，因為他的房子很快就要被拆掉了，但他並不想搬到新的村落。

我幫你們蓋另一間工作室給孩子們，你要我蓋什麼都好，幫幫忙，這真的很急啊！

10天過後，阿李就在庭院另一邊加蓋了另一間房子，解決了工作室的問題，也如我們所願地圍住我們的"地盤"，還擴大了庭院的範圍。

在工匠們築牆的同時，我們切著棕櫚枝，留下中間的莖稈備用。這些枝幹被固定在樑上。而後蓋上一點土、一點水泥，一切就搞定了。

新的工作室比以前小很多，不過來的孩子也比以前少，因為很多都搬走了。現在從新的村莊過來，對他們來說太遠又太貴。當他們可以來的時候，看到他們綻開的笑容，我們真的很感動。時常，我們在"卡波"計程車裡遇到年紀較大的孩子，他們還幫我們付車錢。

2006年12月3日—漫遊山間。蒂布撿了一些石頭。
下山時，一位古物監察員前來盤問我們。
你們拿了什麼？
山上一些很普通的石頭。這也犯法嗎？
電視上說著古納的問題已圓滿解決：
…古納居民已全數搬離，居民也很滿意這些專為他們建造的美麗新房，這可說是哈桑法帝(後註3)的美夢總算成真了…
其實，這些新房子的家具設備都只是些道具，在攝影機拍完後就被收走了。
2007年11月。難以置信但確確實實。我們算了一下，今晨天空共有19個熱氣球。幸好，我們起床起得早，因為從清晨5點開始，就是一片鬼哭神號的噪音。
咻呼
咻呼
咻呼
咻呼
噗噗!!!
叭叭!!!
我們得放棄鄉野漫步了。因為一個熱氣球，就伴隨著至少一部卡車和兩輛小巴的遊客，而總共有19顆熱氣球…這些活動是可以增加一些打零工的機會…不過，熱氣球有時飄落在田裡，造成損害，農民是有苦難言啊…

2006年12月14日。
拉摩斯之墓上方的房子都被拆毀。居民搬遷。我要把這些景象拍下來。一個穿得跟個觀光客一樣的將軍，在那指揮行動。
當第一個村民同意拿錢搬家，房子被拆的那一刻起，古納的毀滅就已註定！

家畜一向是他們唯一在緊急時能變現應急的財物，搬遷時都被禁止帶過去。雖然有人還不願意搬家，電還是被停了。警察則到處巡邏，連臨時發電機點的燈都不許用…

全村像被轟炸過一樣，一切成了廢墟。

“每當有人離開，房子馬上就被拆了。不管怎樣，如果我鄰居的房子都被拆了，我的房子也會塌下來。”守耶博跟我們這樣說著。他留在家中，以免遠房親戚來佔據舊房，而用拆房子來換新房子。

守耶博的爸爸彩繪家裡的牆面。曾在伊拉克生活過的他，說現在的古納，一樣，淒慘，他不出他的房間，拒絕離開屬於他的家。

2007年2月3日。

今早我們走山路去市集。房子一間接著一間被拆了。非常可怕。農莊庭院和門柱已不復存在，四處只剩廢墟，一堆堆的磚塊，散亂於沙漠中。

幾星期後，在同一條路上，我們遇到一群考古學家，剛開挖了一個新地點，跟我們說這條路現在禁止通行。

很明顯的，古納已越來越不適合人居住了。

2008年1月。
我們到10公里外的新村落去看守耶博。從"卡波"車停車的地方算起，還要再走半小時才到的了。路很寬，旁邊還有種了小灌木和九重葛的土堤。有間藥房、雜貨店、郵局，還有棟大得嚇人的警局，跟一間學校。放眼望去，直到山邊，所有的房子都建成同一個樣子，八間成一區。

我們走進一間房屋，裡頭有兩張"德卡"跟一張小桌子。兩房一廳，迷你廚房（完全容不下兩個人），還有間窄得不像話的浴室，洗手台超小，而便池上方就是淋浴設備。屋外有個小庭院。天花板很低，水泥屋頂，搞得這裡夏日像烤箱、冬日像冰櫃。

2010年2月。下山往哈特謝普蘇特神殿方向走時，有位古物監察員又前來盤問。

門票！
可是我們沒有要參觀啊。我們每天早上都從山上那邊過來，我們只是要回家…

你們現在就在考古遺址上。要買票才能進去。
照你這樣說，現在每當我走出家門，就得買進場門票囉！
哈哈哈…

2010年3月。無論如何，我們再也不能到山裡去，他們在小道上開鑿壕溝，埋設電線，以便夜間照明。

古納的繁星之夜也不復存在…

我去馬穆德家喝茶…

他們毀了咱們的房子…活兒也幹不成了…我看不用多久，就會有小偷了。

說是為了保護古蹟，之前就開始進行抽取地下水的大工程。四處建了土牆。結果地層位移下陷，房子也裂開了。過沒多久，就聽到農民跟我們說，現在灌溉田地，竟要用到比以前多兩倍的水。

2008年1月。

我們到10公里外的新村落去看守耶博。從"卡波"車停車的地方算起，還要再走半小時才到的了。路很寬，旁邊還有種了小灌木和九重葛的土堤。有間藥房、雜貨店、郵局，還有棟大得嚇人的警局，跟一間學校。放眼望去，直到山邊，所有的房子都建成同一個樣子，八間成一區。

我們走進一間房屋，裡頭有兩張"德卡"跟一張小桌子。兩房一廳，迷你廚房（完全容不下兩個人），還有間窄得不像話的浴室，洗手台超小，而便池上方就是淋浴設備。屋外有個小庭院。天花板很低，水泥屋頂，搞得這裡夏日像烤箱、冬日像冰櫃。

2010年2月。下山往哈特謝普蘇特神殿方向走時，有位古物監察員又前來盤問。
門票！
可是我們沒有要參觀啊。我們每天早上都從山上那邊過來，我們只是要回家…

你們現在就在考古遺址上。要買票才能進去。
照你這樣說，現在每當我走出家門，就得買進場門票囉！
哈哈哈…

2010年3月。無論如何，我們再也不能到山裡去，他們在小道上開鑿壕溝，埋設電線，以便夜間照明。

古納的繁星之夜也不復存在…

我去馬穆德家喝茶…

他們毀了咱們的房子…活兒也幹不成了…我看不用多久，就會有小偷了。

說是為了保護古蹟，之前就開始進行抽取地下水的大工程。四處建了土牆。結果地層位移下陷，房子也裂開了。過沒多久，就聽到農民跟我們說，現在灌溉田地，竟要用到比以前多兩倍的水。

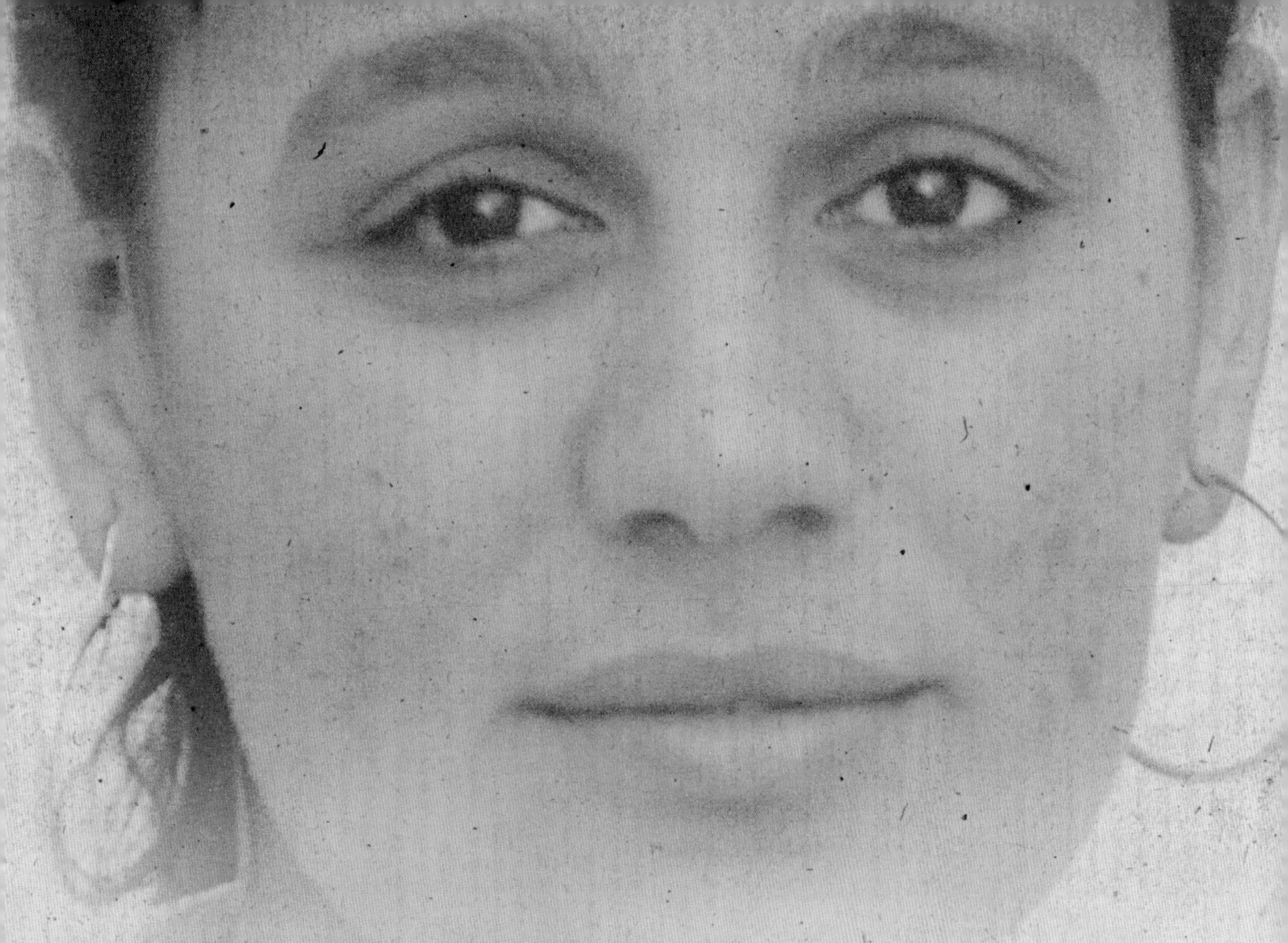

2010年4月
法老王風格的新渡船，
裡面座位卻排列得像在坐公車

近看人群的樂趣
也全然消失。

2010年5月。
可怕的熱浪，47°C…
根本無法工作。

我們去新村落看莎耶妲。
莎耶妲：「啊，這裡生活真是有夠無聊。每個人都只待在家，旁邊住了誰，我都不認識。我們當時沒能合力反抗，就是這樣，他們才能成功把我們一個一個趕走。」
蒂布：「那房子怎麼樣呢？」
莎耶妲：「用水真的是很方便！可是，冬天太冷，夏天又熱得要命，一定要裝空調了啦，不過，又太貴了！」

很多房子都已經開始崩壞。

古納，這個埃及獨一無二的村落，已消失殆盡，了無生氣。
這個古代的逝者之城，以往總是個充滿生命、勞動、創造的地方。但現在卻成了個死寂之地，只剩"文化秀場"：全世界最大的露天博物館。

六十年來，為了保留自己的家與生計，當地居民抵抗國家的開發計畫。
建築師和警察（一個靠利誘，一個給威嚇）都沒有辦法驅散他們。
開羅的掌權者無暇理會這個位於賽德偏遠處的村莊，古納始終是被遺棄的。
不過，看著旅遊工業的龐大收益，貪念讓掌權者越來越是橫了心。
哈特謝普蘇特攻擊事件為村落敲響了喪鐘。自此，村落受著嚴密監視；
加派的警力使當局突然有能力對付古納人的抵抗。
以前，面對被驅趕滅村的威脅，他們還能用圍堵遊覽車的方式，來引起社會大眾注意。
但警力加強後，他們什麼也不敢做了。
埃及政府的共犯，還有地方宗教領袖和外國組織——像聯合國教科文組織，在汙水問題明明有解決方案時，卻也同意了滅村的行動。

所有的人都成了旅遊工業祭壇上的犧牲品，被驅逐丟棄在荒城的郊區，遠離一切工作的可能。
他們甚至付不起孩子們40埃鎊的教育費。

2010年夏天開始，整個古納被幾公里長的混凝土牆圍住。

可恥的圍牆，一道一道地在這世上築了起來：巴勒斯坦、西奈半島、古納...

古納 2006年

古納 2010年

埃及革命紀實

台灣版獨家收錄

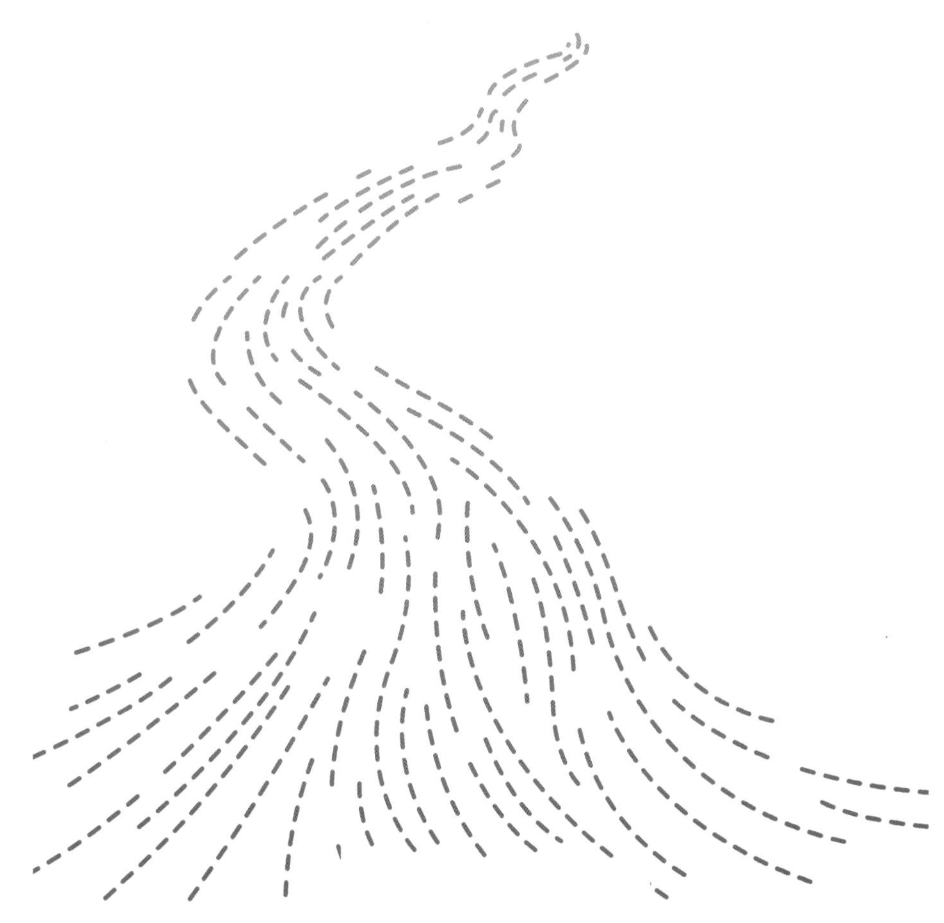

古納
2012
以前村落就在這裡。
這本書做完，到現在也兩年了。期間埃及還發生了革命。
革命就能把村落給保留下來嗎？
應該是吧。
無論如何，這場革命讓"法老主題樂園"開發案停了下來。
農田邊，我們的房子所在的這片房舍，原本也應該要拆的。
因為革命的發生，才撐得到現在…
…不過，能撐多久呢？

革命期間，
這裡的狀況
如何？
2011年1月25日，
我正在看Facebook。
我才知道，
有事發生了…
不過，很快地，
政府就封鎖了
行動電話和
網際網路…
火車停駛，
飛機停飛，道路也
封閉，根本不可能
到開羅去。

我當時想說應該會被困在這裡幾個
月吧。不過，我們也不太擔心，因為
我們完全支持，這裡的人為
改變現狀而戰。

你看，隨著事件演變，郭龍陸續為
報章用漫畫進行報導…
目的是要見證人民的心聲；
最先畫的是此地居民；
後來交通恢復，
也到開羅採訪。

這是我覺得非常重要的記錄。
突然間，人民開始表達自己的想法，
意識到自己是有能力去改變現狀的。
他們不再忍氣吞聲。
而對自己的行動感到
自豪。

有趣的是，
後來再看到這些
圖，就能感受到
當時的疑惑及
不確定感…
不確定感還是
繼續存在。
並不是網路時代
就代表能
"飆風速革命"。

國王谷
古納，路克索，西岸。
一個美麗村莊，在2007至2009年間，就這樣被政府的堆土機剷平，現只剩下田邊幾間房子，就是我與最後幾位抗爭者住的地方...
EGYPT
PT 150
facebook
Egyptian Revolution
25/01/2011
當政府切斷所有的媒體網路，我就到裝有衛星電視的鄰居家...
歡迎！
很擔心啊。
這裡，我們就靠觀光客過活。可是，我們還是有信心也很驕傲...
穆巴拉克 下台!!!
新憲法。
乾淨選舉
民主。
貪官滾蛋！
1月30日星期日。我經過主要哨站，沒有半個警察。警區也關閉了。我還在門前看到一張海報...
MOUBARAK
夜裡，年輕人在路上巡夜。
2月11日星期五晚上6點。副總統奧瑪爾蘇萊曼，總算宣布了穆巴拉克辭去總統職位...
現在，我們要建立一個新的埃及。
恭喜

這天，我去看被強迫安置到北方幾公里外沙漠的"新古納"的朋友，問問他們的近況。
守耶博和查波特跟我聊起最近發生的事…
警察跑光了以後，那些有住房資格但還沒分配到屋子的人，就自己搬進空屋去了。
很明顯地，這些房子根本不是給人住的…
夾板做的大門
牆面裂開，裡頭沒有半塊磚，只是用水泥砌的
簡直就像電影佈景，中看不中用。整個建案，只是建商拿補助和政治獻金的藉口…
一道可恥的圍牆，把整個"觀光一考古"特區都圍起來，讓居民變得更加孤立。
政府把我們當狗一樣對待。
跟以色列人對待巴勒斯坦人一樣。
這道牆一直築到了負責整治西岸的將軍的"別墅"花園邊…
ميدان التحرير
不過，現在"別墅"裡空無一人。在人民的抗爭下，將軍被迫離開職位。
他搶走我們的東西，我們就把他趕走！
年輕人在"新古納"村的中心掛上一個牌子，上頭寫著：解放廣場。
Golo 2011

2011年3、4月

穆巴拉克30年的統治…這些年來，生活條件不斷惡化：失業，微薄薪資，不斷上漲的物價、空氣汙染，連對未來也不再抱持希望…有一百五十萬人在警察及政府維安單位工作。埃及就這兩樣特產：觀光和刑求…

2011年1月5日我從開羅返回路克索，20天後革命爆發…
2011年3月底，回到開羅，我很好奇地想看看這"新的埃及"…

在地鐵裡，"穆巴拉克站"的名稱一個個被人劃掉，改寫成"殉難者"站（革命期間，1月25日到2月11日，有超過一千兩百人罹難。）

往敢怒不敢言的計程車司機們，也拿回了發言權…
TAXI
TOYOTA
…那些騙子還在騙，不過，我們睜大雙眼，一個都不會放過的。
下星期五，要重回解放廣場。不能讓他們亂搞…
上，跟朋友在一間時髦的酒吧：
跟突尼西亞正好相反，很奇怪地，埃及，社會問題反而被擱置在邊…
…軍方讓人民到解放廣場去示威，卻禁止其他的罷工跟抗議活動，違規者就得吃上牢飯…
不要忘了，軍方可是埃及最大的企業主啊。
月1日星期五，在前往解放廣場的路上，遇到一位記者朋友…
·情況還是很危急，為軍方抓了人，還嚴刑拷打、禁審判這些百姓。
當權者利用宗教教派主義來恐嚇、搞分裂…
舊政權的支持者還是很強大，暗地影響局勢。在利比亞的西方軍隊動向不明，反而使人不安…
…我還寫了一篇文章，題為“追求一個希望政治”。
IDAN TAHRIR，解放廣場，是埃及人的勇氣、韌性、希望、幽默和熱情好客的象徵。是慶典，是“革命記憶”的市集，每個人帶著他的標語、拍照留念… 人民要的是正義跟自由。用等待臨時政府審判穆巴拉克，真正的法官就在眼前，人民已經開始審判這個墮落的法老王…
THE REVOLUTION IS A STILL RUNNING RIVER
審判貪污
保衛革命

四個月沒回來了，如今我又回到這上埃及的村莊，古納…
願你的白晝如蜜！
歡迎回來！你照亮了這裡。
…也多虧了你的光芒。
前"法老"身尚在擔架上受審耶…
…但是，他居然還可以染頭髮，自己上廁所也沒問題…
至於他的太太，蘇珊，才A了35萬埃及鎊（約175萬台幣）。
什麼話！那他們在歐洲的那些不動產呢！?!
真可憐啊！她錢花不夠的話，那我們就搞個樂捐做功德好了。
他那些"大老闆"兄弟咧?!?
也沒消沒息，人間蒸發囉…
雖然有"革命"，不過卻沒了觀光客，也沒錢賺了…唉，以前還是比較好啊…

在古納，很多人為國外考古團隊工作…
現在都沒什麼大規模的挖掘工程了，只剩些小的翻修工程可以做…
拆村的負責官員已經被逮捕，但之後，又有兩個人接續上任…
最高軍事委員會沒照他們說的，把國家帶回到正常狀態，反而加強實施戒嚴…
…國家安全巴啦巴啦巴啦巴啦…
最高軍事委員會這八個月的統治下，民百姓受軍法審判的案例，比穆巴拉克十年來的統治還多。
唉！你看…還是以前好啊。
你說，國家一直處在戒嚴狀態的話，怎麼可能會有自由的選舉啊?!!

2011年10月

對前"法老"的審判，在最高軍事委員會的嚴密掌控下繼續進行…

坦塔維元帥被傳喚出庭作證，但只有辯方被允許提問。
科威特的律師團被請來替這"法老"辯護。
沙烏地阿拉伯和波斯灣各國只支持利比亞的革命…
…藉此擺脫他們的宿敵"瘋狗"格達費。
暗地裡，他們設法壓制其他的"革命"…
謠言和傳媒在埃及四處散播營造著危險的氣氛。
怕得要命的中產階級，便想尋求軍方的保護。
但所有官方數據都顯示，犯罪率根本沒有上升。

WHITE KNIGHTS
RED DEVILS
YELLOW DRAGONS
自"革命"發生後，足球迷俱樂部便備受矚目。人們稱他們為"Altrass"(極端份子或狂熱者)。這些是在舊政權時期，唯一合法的人民團體，也變成抗爭時不容忽視的力量。
"婊子養的爛政客"
解放廣場，人民怒吼，
讓你今天垮台、
明天滾蛋！

這個時候，最高軍事委員會想盡辦法，舉行一個對他們最有利的選舉……

……但魔術變來變去，換湯不換藥，都是同一批人……

ABRACADABRA……變！
……穆巴拉克的民族民主黨舊成員，略換造型再登場

……幾個經濟自由主義者……

選舉將在11月底到1月間進行……明年的1月25日，革命週年紀念，街頭上將會是哪種氛圍呢???

2011年 2月
I ♥ EGYPT
都過了10個月，軍方根本不守信用。比以前還糟嘛！
官方媒體都在說謊！10月的時候，亂說什麼科普特教徒攻擊軍人，要人民支持軍隊，事實是，軍隊的裝甲車，不顧眼前手無寸鐵、平和的各教百姓，直往人群裡衝了進去，造成25個人死亡。
軍隊亂抓人。
用軍法審公民。
軍人自以為能凌駕於法律之上。
亂用酷刑
坦塔維滾下來！
星期五 18 11月 2011
穆斯林兄弟會號召人群在解放廣場抗爭...
星期六 19
伊斯蘭主義者則呼籲停止抗爭。因為怕會影響選舉，而將贏得的選戰被藉故延後。
星期日 20
其他反對黨並沒有加入這場抗爭，但他們的支持者還是自發地走上街頭。
此後幾天，鎮壓行動變得非常血腥...
星期一 21
星期二 22
打得真準啊，隊長！一槍就打中眼睛！
砰！
坦塔維滾下台！
光是卡斯黑拉伊尼醫院就有60個人眼部受傷。
催淚瓦斯造成許多傷亡，其中一位女醫師，就這麼死在解放廣場的救護站裡。

坦塔維下台！

民主！

公民社會！

自由！

尊嚴！

面對大規模的抗爭，最高軍事委員會開始作態讓步，卻做得太少，也來的太晚了……

伊斯蘭主義者跟軍方合作。於是，有很多人，其中不少年輕成員，就離開了團體。

總統選舉將在2012年7月前舉行。政府解散，而卡邁勒‧詹祖里被任命組成救國政府……

坦塔維簡直就穆巴拉克翻版！

踩在受難者鮮血上的投機牟利，可惡極了！

最高
軍事委員會

其實只是冰山浮現的一角。
軍事預算是個機密。
賺的錢也只入自家口袋。

他們每年獲得美國政府13億美金的補助。
也是北約組織的合作夥伴……

軍方，是這個國家最大的頭家……

在埃及，跟在土耳其或阿爾及利亞一樣，都是軍人建立的國家。

土耳其也經歷350多年，人民才取得參政權。

以國防機密為由，完全不受監督。

超級貪污機器！

省長都由將軍來擔任。

小企業都受雇於軍方，分包代工。

市議會也都由退伍軍人組成。

水資源

石油

旅館工業

建設

水泥營造

國會選舉
2011/11/28

革命前，大約有五、六百萬“固定班底”的選票。現在，預計是三千萬人會站出來投票。穆斯林兄弟會最有贏面。不過，結果誰真能料中呢???

年輕人就佔了50%的選票。當他們都去投票，局勢就可能會改變……

結果在六週後揭曉。
真正的戰役在後頭啊……

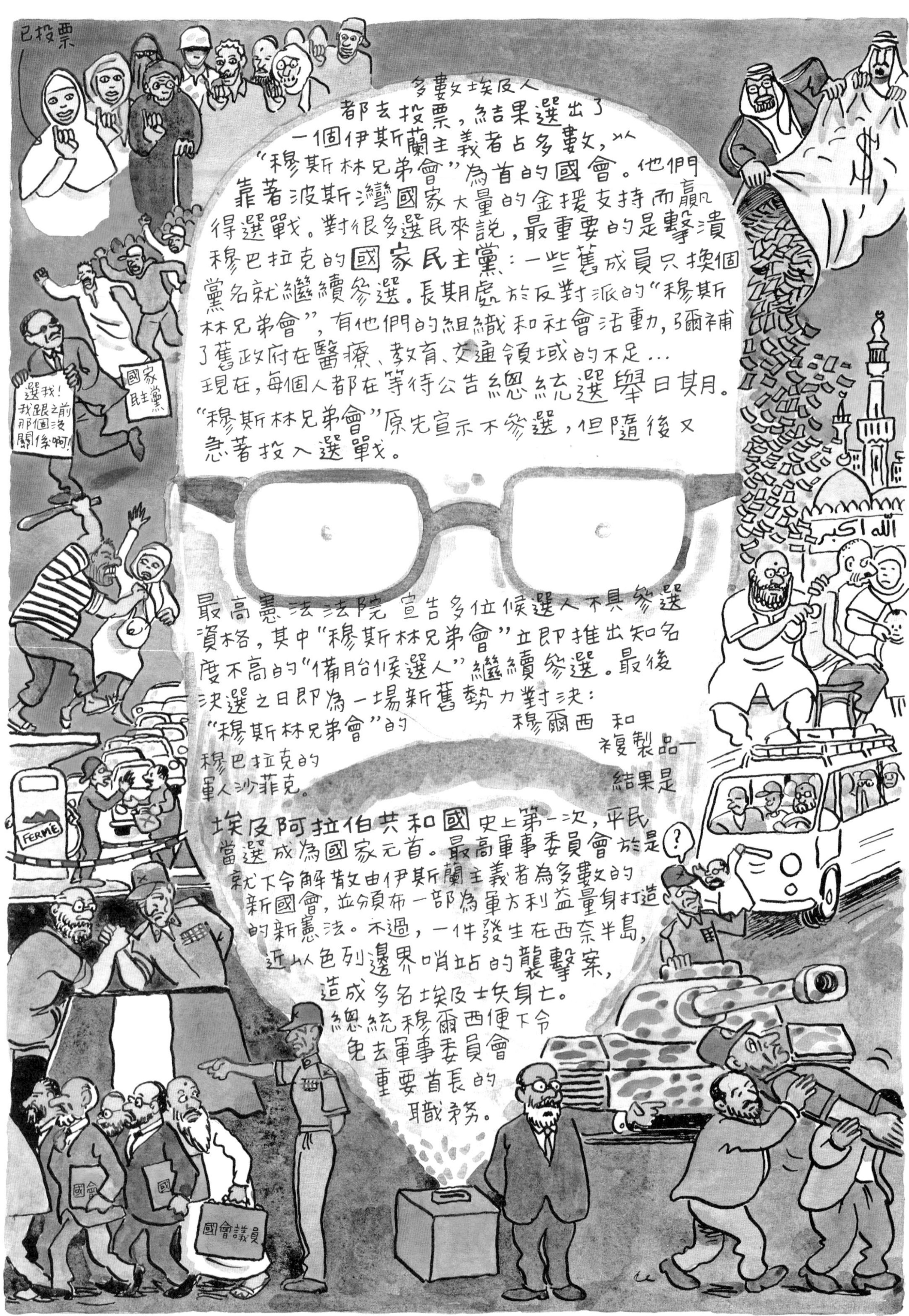
已投票
多數埃及人
都去投票，結果選出了
一個伊斯蘭主義者占多數，以
"穆斯林兄弟會"為首的國會。他們
靠著波斯灣國家大量的金援支持而贏
得選戰。對很多選民來說，最重要的是擊潰
穆巴拉克的國家民主黨：一些舊成員只換個
黨名就繼續參選。長期處於反對派的"穆斯
林兄弟會"，有他們的組織和社會活動，彌補
了舊政府在醫療、教育、交通領域的不足…
現在，每個人都在等待公告總統選舉日期。
"穆斯林兄弟會"原先宣示不參選，但隨後又
急著投入選戰。
選我！我跟之前那個沒關係啊！
國家民主黨
الله اكبر
最高憲法法院宣告多位候選人不具參選
資格，其中"穆斯林兄弟會"立即推出知名
度不高的"備胎候選人"繼續參選。最後
決選之日即為一場新舊勢力對決：
"穆斯林兄弟會"的 穆爾西 和
複製品—
穆巴拉克的
軍人沙菲克。
結果是
FERME
埃及阿拉伯共和國史上第一次，平民
當選成為國家元首。最高軍事委員會於是
就下令解散由伊斯蘭主義者為多數的
新國會，並頒布一部為軍方利益量身打造
的新憲法。不過，一件發生在西奈半島，
近以色列邊界哨站的襲擊案，
造成多名埃及士兵身亡。
總統穆爾西便下令
免去軍事委員會
重要首長的
職務。
?
國會
國
國會議員

這就是埃及
現在的情況。
那新憲法
目前修訂的
狀況
?
還不知道要怎麼修、
讓誰來修，還有憲法內
容將會是什麼…
人民現在
要的是工作
和整頓治安。
這些方面，
情況比以前
還糟…
年輕世代跟他們父母那一代
很不同，革命更是點明了這一點。
年輕人要的是尊嚴…
他們不再跟他們的
父母一樣，成為傳統
價值下的囚徒。
那個消失的村落，
真的已成了過去式？
對，不過，古納的
年輕人有能力再創造
新的東西。
只希望“革命”所帶來的
改變，能夠激勵他們。

作者 註

夏瓦布提 (Chaouabti 或 Ouchabti) :
陶製或金屬製的小形木乃伊塑像。與逝者一同放置於墳墓中，而在永生中能繼續為逝者效命。

哈桑法帝 (Hassan Fathy 1900-1999) :
為埃及建築師。在埃及法魯克國王決定遷移古納村民時，他於 1945 年受命主導”新古納”的開發案。他採用傳統建造方式使用生磚，卻在努比亞式的建築中尋求靈感。這並不符合當時的生活模式，也無法滿足古納村民的需求。村民並不想遷離他們世代以來盤據的山丘。
村民凝聚的反抗力量加上當時政府有限的經濟資源，導致整個建案無疾而終。為此，哈桑法帝寫下了”與人民一起建造”(*Construire avec le peuple*，於 1999 年由 Actes Sud 出版) 一書。
埃及政府現今利用哈桑法帝的聲望，將建在沙漠裡的社區命名為”新古納”。但這個”新古納”並沒有保留傳統建築的優點。整個工程交由軍方分包給私營企業，為圖利而偷工減料。

咖 (Ka) :
在古埃及神話裡代表逝者的分身，也就是生命能量。

卡奈克神廟 (Karnak) :
位於路克索，為尼羅河沿岸最大的神廟群。

坎辛風 (Khamsin) :
阿拉伯原文為”五十”之意。指於每年三到五月間起自埃及沙漠地區的風，全年吹拂共約五十天。此風乾熱且夾帶大量沙塵，能引起沙塵暴而造成災害。

馬木路克騎兵 (Mamelouks) :
原為奴隸戰俘訓練成的精良部隊，漸成為戰力強大的軍事集團，於 1250 年到 1517 年間統治埃及。

聖紀節 (Mouled) :
為紀念伊斯蘭教先知穆罕默德誕辰的節日。不同教派於不同的日期舉行慶祝活動。

賽德 (Saïd) :
上埃及區。

蘇非教派 (soufisme) :
為伊斯蘭教的一支神秘主義教派。

迪克兒 (Dhikr) :
為蘇菲教派儀典，透過反覆念誦祈禱，旋轉律動身體，達到精神恍惚的入迷狀態。

中譯名法文對照

中譯專有名詞原文對照

札馬列克區 : Zamalek
國王谷 : Vallée des Rois
哈特謝普蘇特神殿 : Hatshepsout
古納 : Gournah
梅麗賽格 : Meretseger
路克索 : Louxor
納加達 : Nagada
曼農巨像 : Colosses de Memnon
阿門霍特普三世 : Amenhotep III
瑪森旅館 : Marsam Hotel
阿肯那頓 : Akhenaton
埃及長袍 : Galabeyah
亞歷山卓 : Alexandrie
奈夫侯特普 : Neferhotep
拉姆西斯三世 : Ramsès III
麥迪那哈布 : Medinet Habou
荷魯斯 : Horus
雷－侯拉科迪 : Rê – Horakhty
阿蒙 : Amon
阿伯岱爾古納 : Cheikh Abd-el-Gournah
德爾麥迪那 : Deir el-Medineh
阿蒙麥西斯 : Amenmès
巴內坡 : Paneb
奈非侯代普 : Neferhotep
麥德查人 : Medjaÿ
高瑟 : Qosseir
麥迪那哈布 : Medinet Habou
老村長的家 : Beit el-Omda
拉摩斯 : Ramose
卡奈克神廟 : Karnak
德爾巴赫里 : Deir et-Bahari
阿伯岱爾拉蘇爾 : Abd el-Rassoul
孔斯 : Khonsou
堤本山區 : Montagne thébaine
亞門諾裴斯三世 : Aménophis III
底比斯城 : Thèbes
卡波 : Kapot
阿努比斯 : Anubis
德卡 : Dekka
貝斯 : Bès
庫爾恩之巔 : La cime
巴 : Ba
舒特 : Shouyt
社經法研究與文獻中心 : Centre d'études et de documentation économiques, juridiques et sociales (CEDEJ)
答拉阿布阿爾納嘎 : Dra abou al-Naga
威普哇威特 : Oupouaout
梅納 : Menna
艾路薩 : Aroussa
卡斯黑拉伊尼醫院 : Hôpital de Kasr el Ayni

中譯人名原文對照

守耶博 : Choèb
漢娜 : Hanah
阿馬尼 : Amani
莎耶妲 : Sayeda
阿里大爺 : Cheikh Aly
泰耶伯 : Tayeb
那塔莎 : Natacha
易柏切斯基 : Ibdzeski
阿枚德 : Ahmed
阿伯岱爾法達 : Abd el Fatah
阿李 : Aly
阿梅得 : Ahmed
穆罕默德 : Mohamed
馬穆德 : Mahmoud
卡勒得 : Khaled
伊斯梅爾 : Ismaïl

阿眉德：Ahmed
牧漢墨德：Mohamed
侯賽因：Hossein
穆漢梅特：Mohamed
布陀：Boutros
馬帝爾：Mathieu
多瑪：Thomas
瑪當：Martin
阿布夏布堤：Abou-Chabti
穆翰莫德：Mohamed
木漢默特：Mohamed
薩耶德：Sayed
薩也德：Sayed
法蒂瑪：Fatima
茲耶頓：Zeitoun
阿史哈夫：Ashraf
克勞蒂亞：Claudia
歐沙瑪：Ossama
漢地：Hamdi
卡洛琳：Caroline
阿梅特阿爾杜尼教長：Cheikh Ahmed Al-Tuni
阿玫德巴賴恩教長：Cheikh Ahmed Barrayn
阿明阿爾帝漆納威教長：Cheikh Amin Al-Dichnawy
安娜波姬姬翁：Anna Boghiguian
愛瑪：Emma
沙蘭：Sallam
塔黑克：Tarek
撒耶德：Sayed
阿波岱爾沙達：Abd el-Satar
卡雷德：Khaled
«嗶卡索»：«Bicasso»
阿思瑪：Asma
卡蜜：Camille
巴達威：Badawi
尤瑟夫：Youssef
阿美特：Ahmed
伊曼：Iman
瓦立得：Wallid
阿施拉：Ashraf
阿軋以：Agaj
瑪木德：Mahmoud
馬穆德：Mahmoud
阿布巴克：Abou Bakr
穆巴拉克：Moubarak
奧瑪爾蘇萊曼：Omar Soliman
查波特：Zabot
蘇珊：Suzanne
坦塔維：Tantawi
格達費：Kadhafi
卡邁勒詹祖里：Kamel al-Ganzouri
穆爾西：Morsy
沙菲克：Shafiq

國家圖書館出版品預行編目 (CIP) 資料

逝者之城手記 / 郭龍 (Golo), 蒂布 (Dibou) 作 ; 郭立貞譯 . -- 初版 . --
高雄市 : 無境文化 , 2013.08
面 ;　公分
譯自 : Chroniques de la necropole
ISBN 978-986-85993-5-2(平裝)

1. 遊記 2. 漫畫 3. 埃及

761.09　　102010769

郭龍與蒂布 / 逝者之城手記
—— 台灣版獨家收錄：埃及革命紀實

逝者之城手記
作者　郭龍與蒂布 (Golo et Dibou)
譯者　郭立貞

推薦序「那個熠熠閃光的舊世界」
作者　駱以軍

美術設計　楊健鑫
中文字型美術　郭立貞
電腦排版　辰皓國際出版製作有限公司

出版　無境文化事業股份有限公司
【在場】精神分析叢書　總策劃 / 楊明敏
【奪朱】社會政治批判叢書　總策劃 / 吳坤墉

地　址：802 高雄市苓雅區中正一路 120 號 7 樓之 1
電　話：07-2239100
傳　真：07-2255307
Email address / edition.utopie@gmail.com

初　版：2013 年 09 月
定　價：600 元
ISBN 978-986-85993-5-2

Original title : Chroniques de la Nécropole by Golo and Dibou

ISBN-13: 978-2754804332